国家职业技能等级认定培训教材
国家基本职业培训包教材资源

网约配送员

（中级）

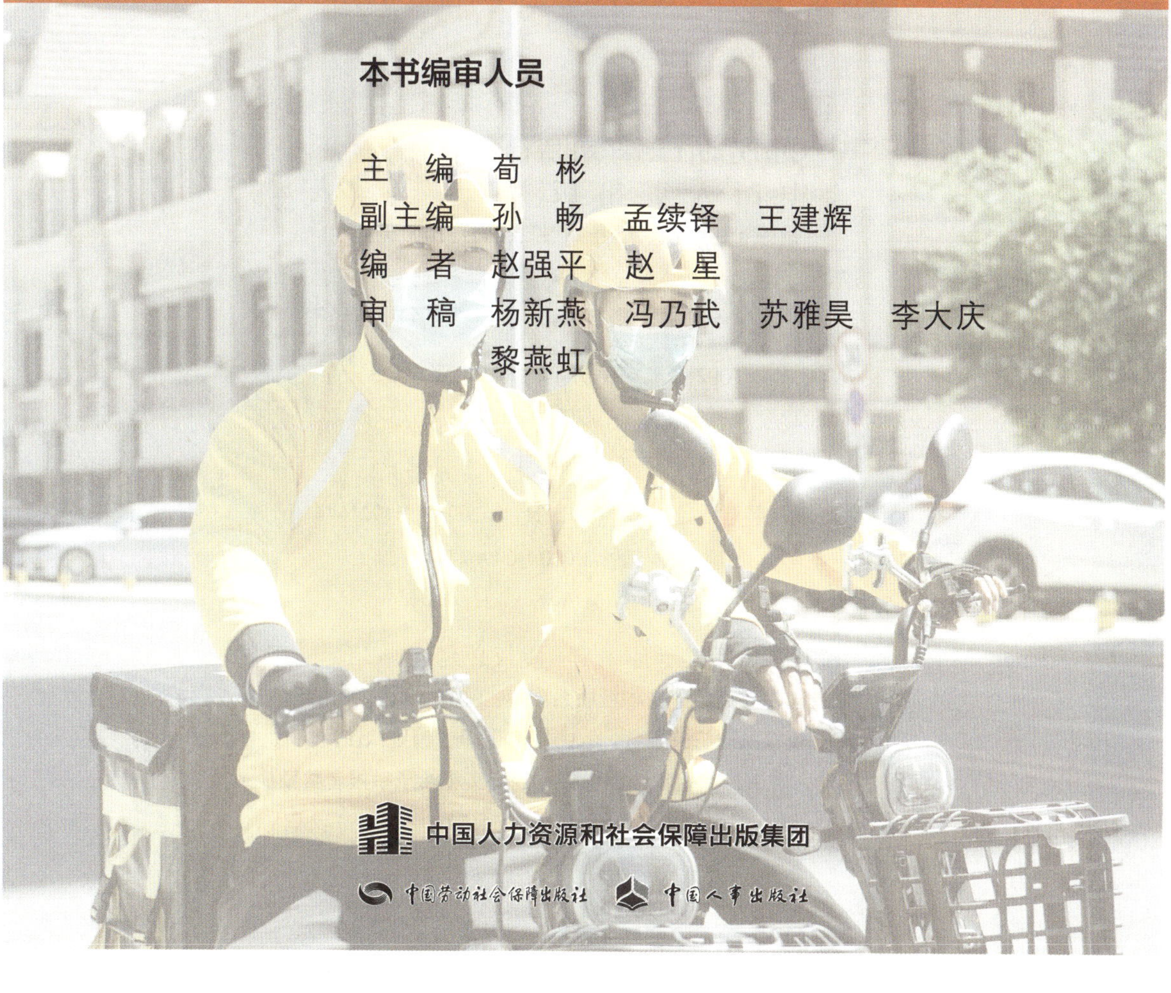

本书编审人员

主　编　荀　彬
副主编　孙　畅　孟续铎　王建辉
编　者　赵强平　赵　星
审　稿　杨新燕　冯乃武　苏雅昊　李大庆
　　　　黎燕虹

中国人力资源和社会保障出版集团
中国劳动社会保障出版社　中国人事出版社

图书在版编目(CIP)数据

网约配送员：中级 / 人力资源社会保障部教材办公室组织编写. -- 北京：中国劳动社会保障出版社：中国人事出版社，2022

国家职业技能等级认定培训教材

ISBN 978-7-5167-5545-7

Ⅰ. ①网… Ⅱ. ①人… Ⅲ. ①物资配送 – 职业技能 – 鉴定 – 教材 Ⅳ. ①F252.14

中国版本图书馆 CIP 数据核字（2022）第 152641 号

中国劳动社会保障出版社
中 国 人 事 出 版 社 **出版发行**

（北京市惠新东街 1 号 邮政编码：100029）

*

三河市华骏印务包装有限公司印刷装订 新华书店经销

787 毫米 × 1092 毫米 16 开本 7.75 印张 125 千字

2022 年 9 月第 1 版 2022 年 9 月第 1 次印刷

定价：24.00 元

读者服务部电话：（010）64929211/84209101/64921644

营销中心电话：（010）64962347

出版社网址：http://www.class.com.cn

前　言

为加快建立劳动者终身职业技能培训制度，大力实施职业技能提升行动，全面推行职业技能等级制度，推进技能人才评价制度改革，促进国家基本职业培训包制度与职业技能等级认定制度的有效衔接，进一步规范培训管理，提高培训质量，人力资源社会保障部教材办公室组织有关专家在《网约配送员国家职业技能标准（2021年版）》（以下简称《标准》）制定工作基础上，编写了网约配送员国家职业技能等级认定培训教材（以下简称等级教材）。

网约配送员等级教材紧贴《标准》要求编写，内容上突出职业能力优先的编写原则，结构上按照职业功能模块分级别编写。该等级教材共包括《网约配送员（基础知识）》《网约配送员（初级）》《网约配送员（中级）》《网约配送员（高级）》《网约配送员（技师　高级技师）》5本。《网约配送员（基础知识）》是各级别网约配送员均需掌握的基础知识，其他各级别教材内容分别包括各级别网约配送员应掌握的理论知识和操作技能。

本书是网约配送员等级教材中的一本，是职业技能等级认定推荐教材，也是职业技能等级认定题库开发的重要依据，适用于职业技能等级认定培训和中短期职业技能培训。

本书在编写过程中得到美团（北京三快在线科技有限公司）的大力支持与协助，在此一并表示衷心感谢。

人力资源社会保障部教材办公室

目　录 CONTENTS

培训模块一　订单接收与验视 …… 1

培训项目 1　接单前的准备 …… 3

培训项目 2　订单收取 …… 13

培训项目 3　订单核对 …… 21

培训项目 4　接单后处理 …… 29

培训模块二　订单配送 …… 35

培训项目 1　配送前准备 …… 37

培训项目 2　配送服务 …… 42

培训项目 3　配送后处理 …… 48

培训模块三　异常管理 …… 57

培训项目 1　客户投诉处理 …… 59

培训项目 2　异常订单处理 …… 70

培训项目 3　应急处理 …… 80

培训模块四　客户服务与维护 …… 87

培训项目 1　客户服务 …… 89

培训项目 2　客户维护 …… 95

培训模块五　安全与质量管理 …… 103

培训项目 1　公共安全防护 …… 105

培训项目 2　管理安全防护 …… 111

培训模块一 订单接收与验视

培训项目 1　接单前的准备
培训项目 2　订单收取
培训项目 3　订单核对
培训项目 4　接单后处理

培训项目 1 接单前的准备

培训单元 1 配送车辆的安全检查

培训重点

1. 了解配送车辆安全检查的相关知识。
2. 掌握配送车辆安全检查与调试的流程与步骤。

知识要求

一、配送车辆制动系统安全检查的内容

1. 配送车辆制动轮与电动机轴连接牢固可靠。
2. 配送车辆制动轮无裂纹，不沾油污或油漆。
3. 配送车辆制动轮轮缘磨损厚度不超过原厚度的 40%。
4. 配送车辆制动轮轮面凹凸不平，高低面差不得大于 1 mm。

二、配送车辆后视镜和车灯安全检查的内容

1. 配送车辆左右后视镜、车内后视镜应齐全完好。
2. 配送车辆前大灯、转向灯、小灯、刹车灯及喇叭信号装置应齐全完好。

注意：配送车辆照明装置及喇叭信号装置通常采用 12 V 电源。

三、配送车辆在制动过程中的注意事项

1. 配送车辆在制动时，要根据不同的路面环境采取不同的制动措施。如果地面摩擦力足够，可以多使用前轮制动；如果地面摩擦力不够，如地面有积水或遇雨雪天气，泥水路面、结冰路面，采取后轮制动，可用点刹的方式进行制动。

2. 在紧急制动情况下，首先要把调速转把（俗称电门）调整到最小开度（俗称旋转收死），同时握住左手侧的后制动器（后闸），让后轮的悬挂收紧，降低车辆重心，增加车辆稳定性。

四、调整配送车辆后视镜、座位的注意事项

1. 调整配送车辆后视镜时，要选择水平路。

2. 调整配送车辆座位后，要重新调整后视镜。

技能操作

技能　检查配送车辆

一、操作准备

1. 实训场所要求

实训场所应具备教师演示和学员练习两种功能，如人员流动性小，能够遮风挡雨，并且比较安静的场所。

2. 实训设备要求

准备多部智能手机、充电宝（智能手机、充电宝有充足的电量），以及配送车辆。

二、操作步骤

1. 配送车辆制动系统安全检查

步骤 1：检查制动带有无裂纹，且磨损量不超过原厚度的 50%。

步骤 2：制动轮与制动带抱紧时，接触弧长不小于制动带总长的 75%。松闸时，两者间隙为 2 mm。

步骤 3：检查制动器是否完好，弹簧有无裂纹和塑性变形，小轴和轴孔的磨损

量是否超过原直径的 5%，制动是否灵活准确。

步骤 4：检查制动联锁装置是否齐全可靠。

步骤 5：手制动机构的零部件应齐全、完好，无裂痕和变形，连接牢靠，制动灵活、准确、可靠。手制动杆定位准确、可靠。

步骤 6：脚制动机构的制动踏板表面应有防滑措施。复位弹簧采用压簧，应完好，无塑性变形和裂纹。零部件均应齐全、完好、可靠。

2. 配送车辆后视镜和车灯安全检查

步骤 1：左右后视镜的调整，应做到远处地平线位于后视镜中间，车身占后视镜的 25%。

步骤 2：车内后视镜的调整，应做到远处地平线位于后视镜中间，配送员能看到自己的右耳。

步骤 3：用钥匙开启配送车辆，依次检查前大灯、转向灯、小灯、刹车灯及喇叭信号是否能够正常显示。

培训单元 2　配送装备的使用与维护

培训重点

1. 了解配送装备维护与调试的相关知识。
2. 掌握配送装备检查与调试的流程与步骤。

知识要求

一、头盔的使用与维护

配送员的头盔要经常保养，使用时才更安全、卫生。头盔表面经常会有灰尘和油污，因此需要定期擦拭表面。头盔有污渍时，首先用湿布将污渍擦干净，然后用擦车的水蜡或上光蜡搓擦，使头盔干净光亮。也可用头盔专用亮光剂，效果更好。

1. 头盔内部的保养

当头盔使用一段时间后，由于头部出汗，内部会有油污积存，并产生异味。遇到这种情况，应及时清洗头盔。使用的清洁剂以中性为好，为避免留下异味，应控制其使用量。在清洗头盔时，不要用力过大。否则，会使头盔里面的缓冲材料变形或破损。清洗干净后，用毛巾或纸巾拭去水分，并放在通风处自然风干。

2. 头盔护镜的保养

由于头盔护镜是透明部件，清洗时要格外小心。将中性清洁剂加入水中，用棉质软布擦拭内外两侧，再用清水冲洗。让它自然风干后，在外侧表面擦上水蜡或防静电剂，可以减少灰尘和油污的附着。在头盔护镜内侧，涂上防雾剂，在天气较凉和晚上行车时可以减少镜面上雾气的产生。

二、配送箱的使用与维护

1. 配送箱的选择

要选择保温性好、安全性高、无毒无味、防水、易清洁、重量轻、环保无污染的配送箱。配送箱示例如图 1–1 所示。

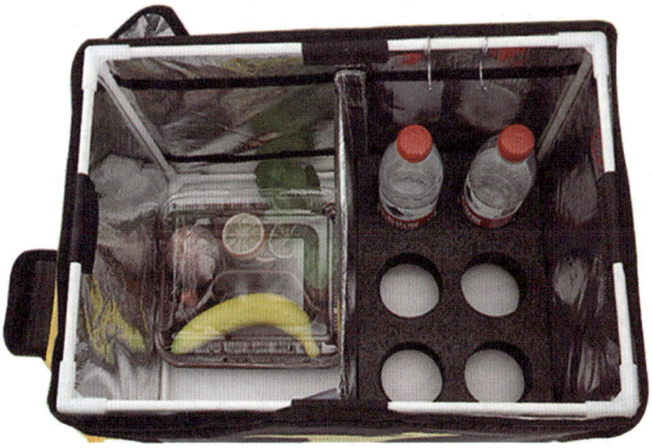

图 1–1 配送箱示例

2. 配送箱的清洁与保养

（1）残留在配送箱内部的食物容易产生不良气味，必须定期清洁配送箱。

（2）打开配送箱上盖，用软毛巾或海绵蘸取温水或中性洗涤剂清洁配送箱内部。

（3）使用洗涤剂后，必须用清水清洗干净，随后用干布擦干。

（4）要经常清除配送箱外部的灰尘，以免影响美观。

注意：清洁配送箱时，不要直接把水洒在箱体上或箱体内，以免液体渗入保温层。

3. 使用配送箱的注意事项

（1）禁用明火接触或锐利刀具切割配送箱。

（2）避免配送箱长期处于雨淋、潮湿、阳光暴晒环境，以免影响保温效果。

三、配送车辆的使用与维护

1. 气温对配送车辆使用的影响

环境温度对铅酸电池的使用有一定影响。一般来讲，常温对电池的使用影响不大，但是当环境温度高于 40 ℃或低于 0 ℃时，电池放电能力就会改变。例如，冬季气温在 0 ℃以下时，电池充满电后行驶里程会缩短，电池的容量只能放出 85%。因此，冬季时充满电后行驶里程会比夏季时短。

（1）在冬季，避免因温度过低对电池造成不利影响，要保证至少每个月补充一次电，避免电池亏电。不能在室内充电，要尽量在一天当中气温较高时在室外充电。

（2）在夏季，避免电池在烈日下暴晒，避免电池在高温环境下充电，避免在高温下行驶后立即充电，避免充电时间过长。

2. 路况对配送车辆使用的影响

配送车辆一般不适宜在路况不佳的路面行驶。配送途中上坡比较多时，充电一次行驶里程会比在平坦的路面上短得多。因此启动、上坡、负重或逆风行驶时，可以借助骑行以保证电池和电动机的使用寿命。

3. 零启动对配送车辆使用的影响

零启动是指静止时直接电动启动。表面上看这样很方便，但实际上对配送车辆特别是电动车的电池损害特别严重。因为静止时启动电流较大，耗能较多，极易损坏电池。因此应尽量避免零启动，最好在启动前先用人力助踩，再用电力逐步加速，有些配送车辆会有缓启动或限制电流的设计，主要是为了保护电池和电动机。

4. 雨雪天气对配送车辆使用的影响

配送车辆应避免过度日晒和雨淋。虽然配送车辆都具有良好的防水性能，雨雪天气仍然可以骑行，但经过水洼、积水等地时，应注意涉水高度不能高于轮毂，以免电动机进水造成损坏；平时不要用高压水柱冲洗配送车辆，以免电子部件及配线浸水造成损坏。如果不慎发生浸水事故，应立即关闭电源，取下电池，尽快送到专卖店检修。在检修之前，禁止使用电力驱动。

5. 频繁刹车对配送车辆使用的影响

频繁刹车必然伴随着频繁启动，会导致电池频繁地大电流放电、断电，对其使用寿命有负面影响。因此配送车辆应以适当的车速行驶，尽量避免频繁刹车。

四、配送车辆常见故障的诊断与维修

1. 爆胎是最常见的故障，如果配送车辆经常爆胎，可能是外胎太薄，建议更换一条加厚的外胎。

2. 用钥匙启动车辆时，仪表指示灯不亮，可能是电源线路脱落或接触不良。

3. 当启动车辆时，仪表指示灯不亮，并且推车时，后轮阻力非常大，好像刹住车一样，可能是控制器损坏，把控制器的相应连接插头拔掉就能正常推动了。

技能操作

技能　使用与维护配送装备

一、操作准备

1. 实训场所要求

实训场所应具备教师演示和学员练习两种功能，如人员流动性小，能够遮风挡雨，并且比较安静的场所。

2. 实训设备要求

准备多部智能手机、充电宝（智能手机、充电宝有充足的电量），以及配送车辆、头盔、配送箱。

二、操作步骤

1. 头盔的佩戴与检查

步骤 1：配送前，检查头盔有无破损。

步骤 2：佩戴时，选取大小适宜的头盔，戴好后，头盔与头部之间以能伸入一个手指为宜。

步骤 3：头盔带要系在下颌和喉结之间，不能系在下颌下方，以免发生危险时勒住嘴或堵住鼻子，影响呼吸；也不能系在喉结下方，以免勒住呼吸道，造成伤亡。

步骤 4：系紧头盔带，头盔带与下颌之间以能伸入一个手指为宜。

步骤 5：头盔要戴正，头盔上沿在眉骨上方。

步骤 6：头盔要随时随地佩戴好。

2. 配送箱的清洁与检查

步骤 1：打开配送箱，清理箱内杂物。

步骤 2：将干净的内、外用抹布分别放于不同的清水桶内浸湿。

步骤 3：用拧干的内用抹布擦拭箱内，擦拭顺序为先四周，然后底部，再箱盖内部。

步骤 4：用拧干的外用抹布擦拭箱外，擦拭顺序为先顶部，然后四周，再底部。

步骤 5：反复进行擦拭，直到配送箱内外无油污、无灰尘、无异物。

步骤 6：用装有 75% 酒精的喷壶对配送箱的内外部进行喷洒消毒。

步骤 7：消毒完毕后，打开箱盖通风、晾干。

步骤 8：抹布使用完需清洗、晾晒，并整齐放置于物料区。

3. 配送车辆的使用与维护

步骤 1：使用配送车辆前，应注意检查车况是否良好，如轮胎气压是否充足，前后刹车是否灵敏，整车有无异响，螺丝是否松动，电池电量是否充足。

步骤 2：启动配送车辆时，要先用脚踏骑行，且缓慢加速，避免瞬间急加速损伤电器元件。为了延长电池、电动机的使用寿命，在骑行过程中扭动调速手把，上桥、上坡、逆风和重载行驶时务必用脚踏助力，以免对电池、电动机造成冲击性伤害，影响电池的续行里程和使用寿命。

步骤 3：在保证安全的前提下，在行驶中应尽量减少频繁刹车、启动，以节省电量。刹车时应松开调速把，以免损害电动机及其他机件。下车推行时，应关闭电源，以防推行时无意转动调速把，配送车辆突然启动发生意外。

步骤 4：充电时，不要使用其他品牌的充电器。每个品牌的充电器与电池的性能是相匹配的，只有使用专用充电器，才能达到最佳充电效果。

步骤 5：充电器内含强电线路，不要擅自拆卸。充电时，充电器应放置于通风处，不要覆盖任何物品。同时，注意防止液体和金属颗粒进入充电器内部，防止充电器跌落与被撞击，以免造成损伤。

步骤 6：避免配送车辆受到意外损伤，如不要让积水淹没电动机中心、控制器，下车后及时关闭电源，避免在高湿度、腐蚀的环境中存放配送车辆。

培训单元 3　配送区域的选择

培训重点

1. 了解热力图的基本概念和特点，了解城市地理、区域、道路划分的相关知识。
2. 掌握热力图的识别方式，能根据地图辨认商圈内主要街道及小区。

知识要求

一、热力图的基本概念

热力图是指以特殊高亮的形式显示客户热衷的地理区域和客户所在的地理区域的图示。

热力图（见图 1–2）是了解客户在网站或者 App 上行为轨迹的有效数据统计工具，可以清晰地了解哪些区域更受客户的关注，并以冷暖色调进行区分。热力图把数据以图形的样式展示出来，其中数据值的大小以颜色进行区分。热力图可以使复杂的数据变得一目了然。

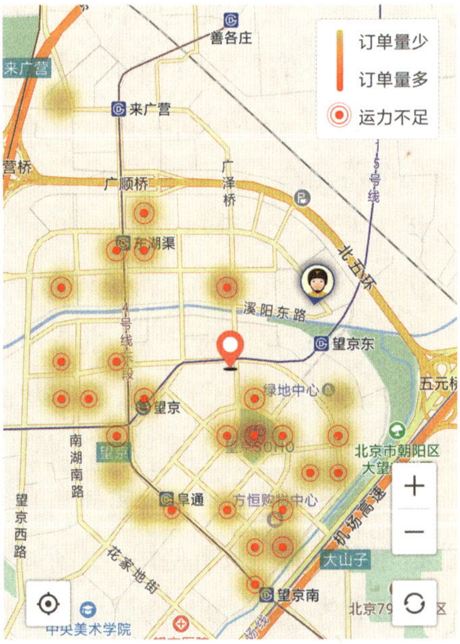

图 1–2　热力图

二、热力图的特点

1. 通过热力图，可以直观清楚地看到页面上每一个区域的客户兴趣焦点，无须报告数据分析，以图形化展现，无须任何页面分析经验。

2. 热力图独特的“框统计”，能够框出任意区域的访问详情。

三、热力图的作用

1. 热力图是利用手机基站定位获取该区域的客户数量，根据客户数量渲染地图颜色。

2. 热力图能告诉配送员哪些区域客户人数较多，可以对人数较多区域的订单情况进行分析与规划。

3. 热力图主要显示一个城市的某个区域客户比较集中甚至拥挤的程度，颜色越深表示客户越多，颜色浅表示客户比较少。

技能操作

技能　识别与检查配送区域

一、操作准备

1. 实训场所要求

实训场所应具备教师演示和学员练习两种功能，如人员流动性小，能够遮风挡雨，并且比较安静的场所。

2. 实训设备要求

准备智能手机、充电宝（智能手机、充电宝有充足的电量），以及相应的 App。

二、操作步骤

步骤 1：打开相应的 App，进入接单页面。

步骤 2：在页面找到接单设置，点击进入。

步骤 3：打开热力图，颜色越红，说明该区域订单越多，配送员可根据自己的当前位置选择接单和配送，如图 1–3 所示。

步骤 4：打开热力图后，将订单多的位置设置为常驻送货区域，设置完成后，就可以收取该区域范围内的订单。

步骤 5：配送前路径规划。配送员可根据自己的当前位置和需配送的目的地，利用系统导航地图，规划配送路径。

步骤 6：路径规划好后，可以进入地图的全景或卫星模式查看配送区域的周围环境和路况，如图 1–4 所示。

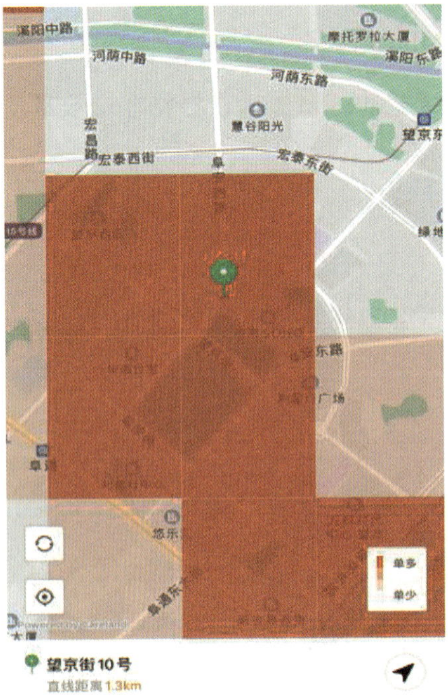

图 1–3　当前位置热力图

图 1–4　地图全景模式

步骤 7：选择一条最近路径进行配送。

培训项目 2 订单收取

培训单元 1 配送路径的规划

培训重点

1. 了解订单规划、配送路径规划的相关知识。
2. 掌握订单规划、配送路径规划的流程与步骤。

知识要求

一、配送路径的含义

路径在不同的领域有不同的含义。在网络中，路径是指从起点到终点的全程路由；在日常生活中，路径是指道路。

配送路径是指网络平台根据已接订单，帮配送员规划的送单路径，按照此顺序送单效率最高。

二、配送路径规划的作用

1. 网络平台根据配送员已接订单的数量和状态，通过智能算法为配送员规划出超时风险较低，同时跑动距离较少的配送路径，帮助配送员更好地完成配送。

2. 当配送员收到新订单时，路径规划页面会自动切换到派单地图模式，配送员可以在这里查看订单的位置，辅助接单。

三、常驻送货区域的含义

常驻送货区域是指配送员经常送货的区域，网络平台根据常驻送货区域设置指派订单。

1. 当配送员未设置常驻送货区域且无配送员定位时，系统将无法为配送员派单。

2. 当配送员设置了常驻送货区域时，系统只会指派送货地址在常驻送货区域范围之内的订单给配送员。

3. 当配送员未设置常驻送货区域但配送员有定位时，系统会指派送货地址在配送员定位位置 5 km 之内的订单给配送员。因商家配送范围大部分在 4 km 之内，配送员位置离常驻送货区域越远，送货地址包含在送货区域范围内的可派订单就越少。

4. 当配送员实时定位远离常驻送货区域时，系统派单数量会减少，离常驻送货区域越远，接收的订单会越少，网络平台会提示配送员尽快返回或者重新设置常驻送货区域。

技能操作

技能　规划配送路径

一、操作准备

1. 实训场所要求

实训场所应具备教师演示和学员练习两种功能，如人员流动性小，能够遮风挡雨，并且比较安静的场所。

2. 实训设备要求

准备智能手机、充电宝（智能手机、充电宝有充足的电量），以及相应的 App。

二、操作步骤

1. 设置常驻送货区域

步骤 1：接单前，在 App 里进行设置。

步骤 2：点击 App 左下角“热力地图”，进行常驻送货区域设置，如图 1–5

所示。

步骤3：设置常驻送货区域。在图1–6中，①表示配送员的当前位置，②表示配送员可以设置的常驻送货区域，③表示该常驻送货区域的中心位置。

步骤4：通过挪动热力地图来调整常驻送货区域覆盖范围，如图1–7所示。

步骤5：点击“设置为常驻送货区域”，二次确认后，完成常驻送货区域设置，如图1–8所示。

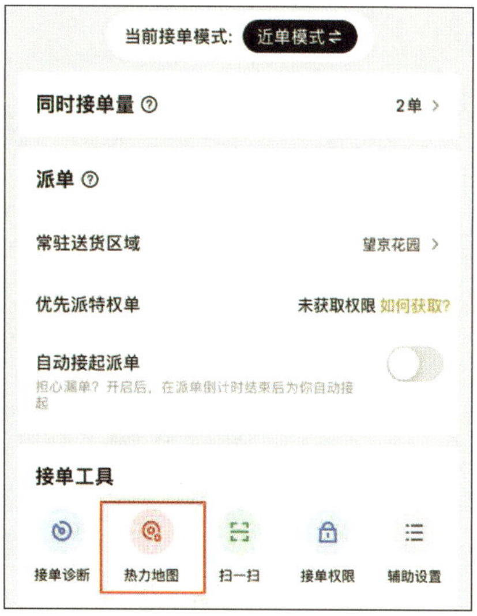

图1–5 点击“热力地图”

步骤6：当配送员的位置在常驻送货区域内时，系统优先指派配送员去常驻送货区域内的商家取餐；当配送员的位置在常驻送货区域外时，系统优先指派配送员去常驻送货区域内的客户送餐。取餐位置和送餐位置如图1–9、图1–10所示。

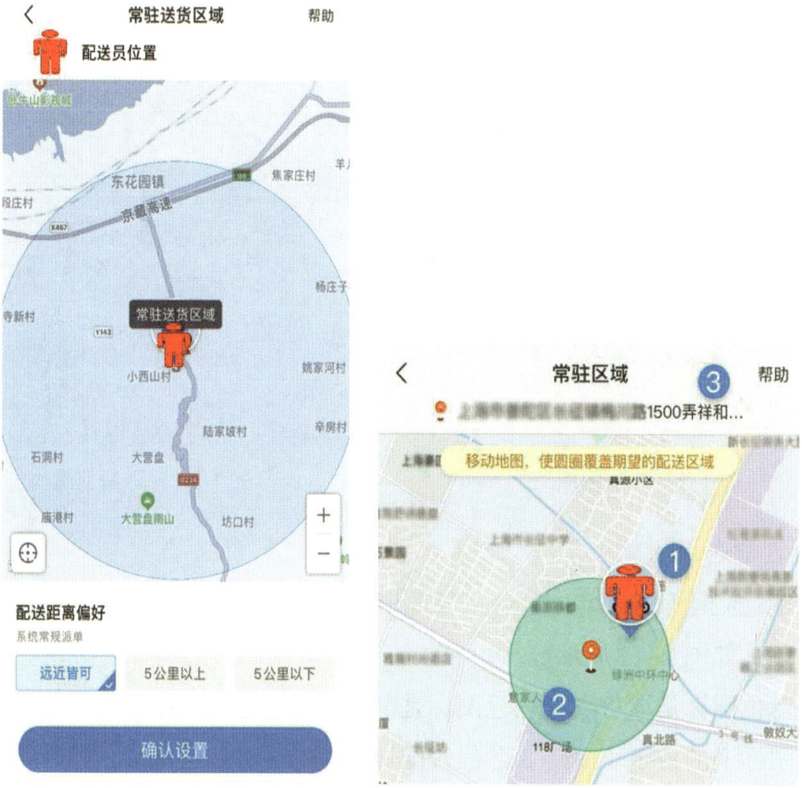

图1–6 设置常驻送货区域

图 1–7　调整常驻送货区域覆盖范围

图 1–8　完成常驻送货区域设置

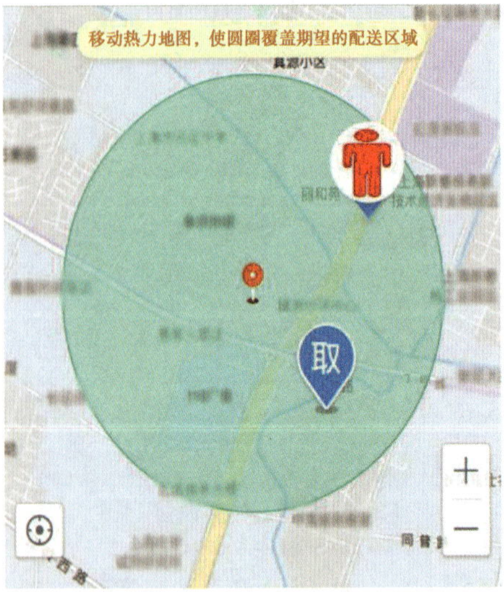

图 1–9　取餐位置

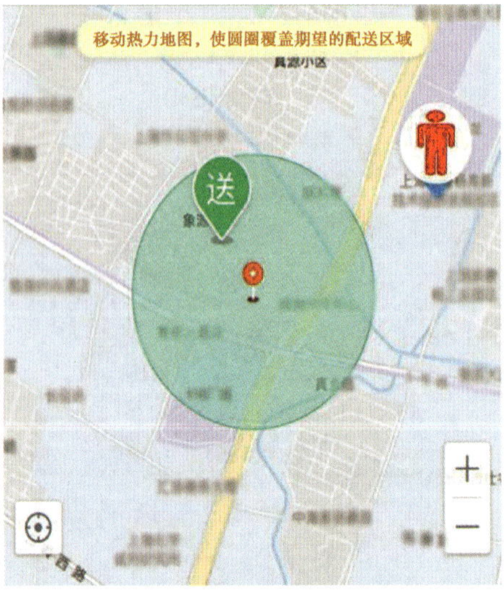

图 1–10　送餐位置

2. 规划配送路径

步骤 1：根据所接订单，进行路径规划，先送配送时间短的订单，再送配送时间长的订单，如图 1–11 所示。

（1）蓝色图标是取货点，绿色图标是配送点。

（2）图标上的数字 1、2、3 等代表配送顺序。

（3）地图上的实线连线代表实际行驶路线；虚线连线仅作为方向指引。

（4）规划路径要以配送时间最短的优先。

步骤 2：点击热力地图上的点，可在下方看到对应的订单信息。

步骤 3：系统会根据配送员当前的配送情况估算出某个订单的超时风险。若订单有超时风险，会显示有风险的订单量和具体订单。注意：超时风险仅为系统根据配送员当前的配送情况作出的预估，不代表订单最终的超时状态，如图 1–12 所示。

图 1–11　系统推荐派单路径

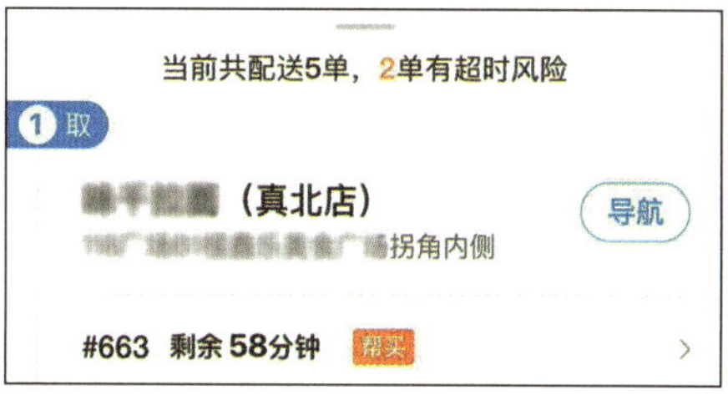

图 1–12　超时风险

步骤 4：上滑列表可查看整体的路径规划。

培训单元 2　临时调度订单的收取

培训重点

1. 了解临时调度订单的相关知识。
2. 掌握临时调度订单收取的流程与步骤。

知识要求

一、临时调度订单的含义

临时调度订单即转单，是指在无法完成配送过程的前提下，将订单转给其他配送员的过程。需要注意的是预订单不支持转单，需按时完成配送。

二、接转单的含义

接转单是指配送员通过 App 接受其他配送员无法完成的订单。

三、转单的流程

登录 App →点击“订单详情页”→点击“转单”。

四、接转单的流程

登录 App →点击“上线”→若有转单且在合适的配送范围内→点击“接受转单”。

技能操作

技能　收取临时调度订单

一、操作准备

1. 实训场所要求

实训场所应具备教师演示和学员练习两种功能，如人员流动性小，能够遮风挡雨，并且比较安静的场所。

2. 实训设备要求

准备智能手机、充电宝（智能手机、充电宝有充足的电量），以及相应的 App。

二、操作步骤

1. 转单

步骤 1：登录 App。

步骤 2：点击“订单详情页”。

步骤 3：点击“转单”，发起转单。若转单失败，仍需继续配送。

转单时要满足以下条件。

（1）接单后 5 min 内可以发起转单（见图 1–13），超出时间则无法转单。

（2）1 个订单只能发起 1 次转单。

（3）预订单不支持转单，需按时完成配送，如图 1–14 所示。

图 1–13　发起转单

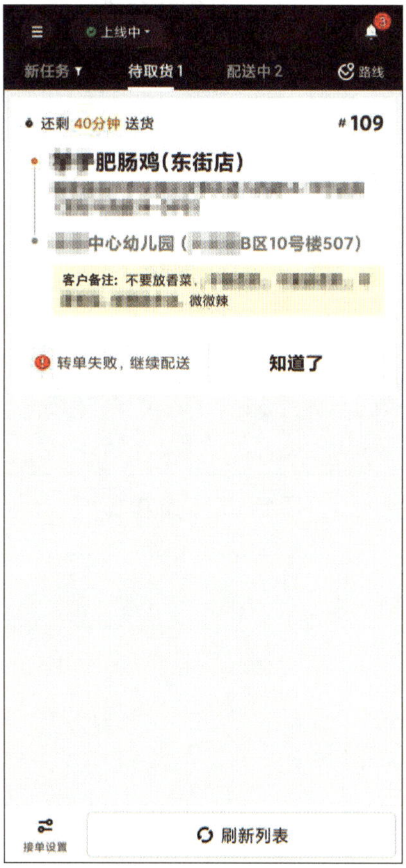

图 1–14　转单失败，继续配送

2. 接转单

步骤 1：登录 App。

步骤 2：设置接单模式为“近单模式”或“同城模式”，如图 1–15 所示。

步骤 3：抢单或接收系统推单，根据配送员自己配送路径规划接受转单，如图 1–16 所示。

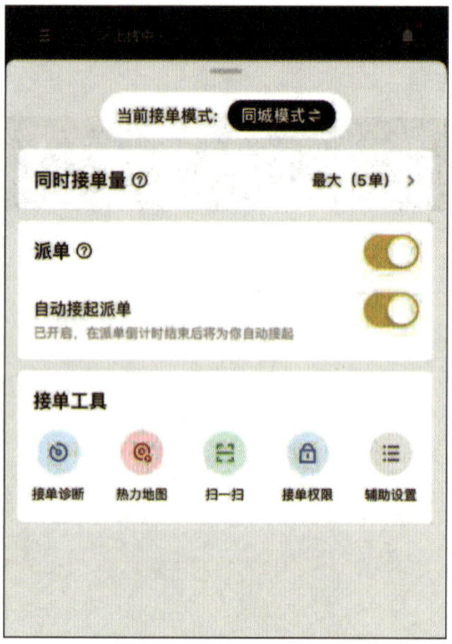

图 1–15　同城模式

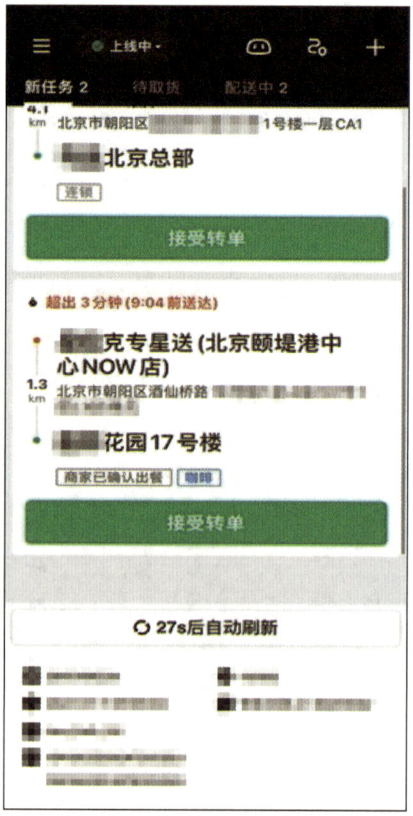

图 1–16　接受转单

培训项目 3 订单核对

培训单元 1 限运品的识别与配送

培训重点

1. 了解限运品的相关知识。
2. 掌握限运品配送的流程与步骤。

知识要求

一、限运品的含义

限运品是指在特定的情况下，需要特定条件方可承运的物品。

二、限运品的有关规定

1. 帮买订单购买物品价值不得超过 500 元，若配送员原因造成经济损失，则配送员承担全部责任。

2. 帮送订单单件物品不得超过 20 kg，单件物品三边之和不得超过 150 cm，帮送物品价值不得超过 3 000 元，若因配送员违规收取订单造成经济损失，则配送员承担全部责任。

3. 配送卷烟、雪茄烟时，每件以 2 条（400 支）为限（二者一起配送时亦限 2 条）。配送烟叶、烟丝每件以 5 kg 为限，二者一起配送不得超过 10 kg。

4. 贵重及易碎物品，配送员可以拒绝收件。如果配送员同意收件，客户应进行保价或购买保险，或者签署免责声明。

技能操作

技能　识别与配送限运品

一、操作准备

1. 实训场所要求

实训场所应具备教师演示和学员练习两个功能，如人员流动性小，能够遮风挡雨，并且比较安静的场所。

2. 实训设备要求

准备智能手机、充电宝（智能手机、充电宝有充足的电量），以及相应的 App。

二、操作步骤

步骤 1：登录 App，将接单模式设定为“同城模式”。

步骤 2：接收系统推单。

步骤 3：仔细查看订单详情，包括物品品牌、重量、尺寸、运费，以及预计送达时间等。

步骤 4：对可以配送的物品进行路径规划。

步骤 5：联系客户，进一步核实订单信息。若客户修改订单，引导客户在网络平台上进行修改。

步骤 6：对超出规定无法配送的物品，联系客服，同时告知客户，并上报网络平台，取消订单。

培训单元 2　禁运品的识别

培训重点

1. 了解禁运品的相关知识。
2. 掌握禁运品的识别方法。

知识要求

一、禁运品的含义

禁运品是指国家法律、法规明令禁止运输的物品。

二、禁运品的分类

禁运品的分类见表 1–1。

表 1–1　禁运品的分类

类别	举例	
危险品	爆炸物	如烟花爆竹、爆炸性玩具等
	气体	如气雾剂、氯气等
	易燃液体	如油漆、乙醇等
	易燃固体	如黄磷、白磷、钾等
	氧化物和有机氧化物	如碘、氢化钾等
	毒性和传染性物品	如农药、生物培养基
	放射性物品	—
	腐蚀物	如硫酸、强碱等
	杂项危险品	如干冰、磁性物质、安全气袋等

续表

类别	举例
高运输风险物品	金 / 银条、金 / 银块及金银制品
	空白发票、现金、支票、股票证券及有价证券
	贵重首饰、珠宝、邮票等
国家明令禁止运输的物品	法律规定的禁运物品，如走私物品、盗版物品等
	毒品、麻醉药品
	武器及部件、弹药、管制刀具
	反动、淫秽、迷信书刊及光盘
	赌博设备、用具
	尸体、人体器官及医学废弃物
	动植物活体、动物尸体

三、严禁接收配送的物品

根据国家邮政局、公安部、国家安全部发布的《禁止寄递物品管理规定》，以下物品严禁接收配送。

1. 枪支（含仿制品、主要零部件）、弹药

枪支（含仿制品、主要零部件）：手枪、步枪、冲锋枪、防暴枪、气枪、猎枪、运动枪、麻醉注射枪、钢珠枪、催泪枪等。

弹药（含仿制品）：子弹、炸弹、手榴弹、火箭弹、照明弹、燃烧弹、烟幕（雾）弹、信号弹、催泪弹、毒气弹、地雷、手雷、炮弹、火药等。

2. 管制器具

管制刀具：匕首、三棱刮刀、带有自锁装置的弹簧刀（跳刀），其他相类似的单刃、双刃、三棱尖刀等。

其他：弩、催泪器、催泪枪、电击器等。

3. 爆炸物品

爆破器材：炸药、雷管、导火索、导爆索、爆破剂等。

烟花爆竹：烟花、鞭炮、摔炮、拉炮、砸炮、彩药弹等烟花爆竹及黑火药、烟火药、发令纸、引火线等。

其他：推进剂、发射药、硝化棉、电点火头等。

4. 压缩和液化气体及其容器

易燃气体：氢气、甲烷、乙烷、丁烷、天然气、液化石油气、乙烯、丙烯、乙炔、打火机等。

有毒气体：一氧化碳、一氧化氮、氯气等。

易爆或者窒息、助燃气体：压缩氧气、氮气、氦气、氖气、气雾剂等。

5. 易燃液体

汽油、柴油、煤油、桐油、丙酮、乙醚、油漆、生漆、苯、酒精、松香油等。

6. 易燃固体、自燃物质、遇水易燃物质

易燃固体：红磷、硫黄、铝粉、闪光粉、固体酒精、火柴、活性炭等。

自燃物质：黄磷、白磷、硝化纤维（含胶片）、钛粉等。

遇水易燃物质：金属钠、钾、锂、锌粉、镁粉、碳化钙（电石）、氰化钠、氰化钾等。

7. 氧化剂和过氧化物

高锰酸盐、高氯酸盐、氧化氢、过氧化钠、过氧化钾、过氧化铅、氯酸盐、溴酸盐、硝酸盐、过氧化氢等。

8. 毒性物质

砷、砒霜、汞化物、铊化物、氰化物、硒粉、苯酚、汞、剧毒农药等。

9. 生化制品、传染性、感染性物质

病菌、炭疽、寄生虫、排泄物、医疗废弃物、尸骨、动物器官、肢体、未经硝制的兽皮、未经药制的兽骨等。

10. 放射性物质

铀、钴、镭、钚等。

11. 腐蚀性物质

硫酸、硝酸、盐酸、蓄电池、氢氧化钠、氢氧化钾等。

12. 毒品及吸毒工具、非正当用途的麻醉药品和精神药品、非正当用途的易制毒化学品

毒品、麻醉药品和精神药品：鸦片（包括罂粟壳、花、苞、叶）、吗啡、海洛因、可卡因、大麻、甲基苯丙胺（冰毒）、氯胺酮、甲卡西酮、苯丙胺、安钠咖等。

易制毒化学品：胡椒醛、黄樟素、黄樟油、麻黄素、伪麻黄素、羟亚胺、邻酮、苯乙酸、溴代苯丙酮、醋酸酐、甲苯、丙酮等。

吸毒工具：冰壶等。

13. 非法出版物、印刷品、音像制品等宣传品

含有反动、煽动民族仇恨、破坏国家统一、破坏社会稳定、宣扬邪教、宗教极端思想、淫秽等内容的图书、刊物、图片、照片、音像制品等。

14. 间谍专用器材

暗藏式窃听器材、窃照器材、突发式收发报机、一次性密码本、密写工具、用于获取情报的电子监听和截收器材等。

15. 非法伪造物品

伪造或者变造的货币、证件、公章等。

16. 侵犯知识产权和假冒伪劣物品

侵犯知识产权：侵犯专利权、商标权、著作权的图书、音像制品等。

假冒伪劣：假冒伪劣的食品、药品、儿童用品、电子产品、化妆品、纺织品等。

17. 濒危野生动物及其制品

象牙、虎骨、犀牛角及其制品等。

18. 禁止进出境物品

有碍人畜健康的、来自疫区的以及其他能传播疾病的食品、药品或者其他物品；内容涉及国家秘密的文件、资料及其他物品。

19. 其他物品

《危险化学品目录》《民用爆炸物品品名表》《易制爆危险化学品名录》《易制毒化学品的分类和品种目录》《中华人民共和国禁止进出境物品表》载明的物品和《人间传染的病原微生物名录》载明的第一、二类病原微生物等，以及法律、行政法规、国务院和国务院有关部门规定禁止寄递的其他物品。

技能操作

技能 识别禁运品

一、操作准备

1. 实训场所要求

实训场所应具备教师演示和学员练习两种功能，如人员流动性小，能够遮风挡雨，并且比较安静的场所。

2. 实训设备要求

准备智能手机、充电宝（智能手机、充电宝有充足的电量），以及相应的 App。

二、操作步骤

步骤 1：登录 App，将接单模式设定为“同城模式”。

步骤 2：接收系统推单。

步骤 3：仔细查看订单详情，包括物品品牌、重量、尺寸、运费，以及预计送达时间等。

步骤 4：对可以配送的物品，进行路径规划。

步骤 5：联系客户，进一步核实订单信息。若客户修改订单，引导客户在网络平台上进行修改。

步骤 6：对疑似禁运品，在 App 进入“客服中心”，如图 1–17 所示。

步骤 7：在“在线客服”对话框中输入“人工客服”，或直接拨打客服电话，如图 1–18、图 1–19 所示。

图 1–17 进入“客服中心”

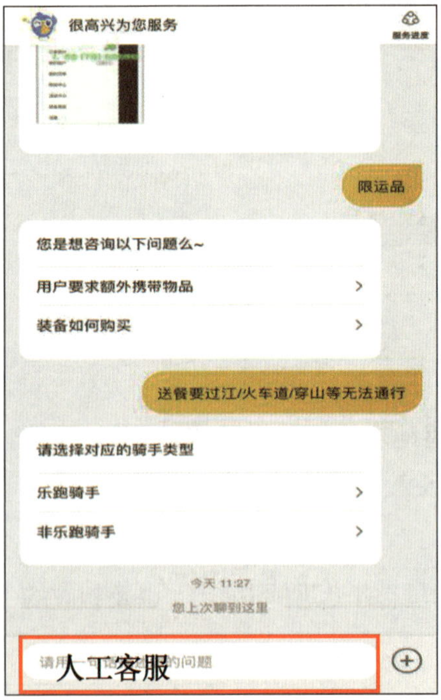

图 1-18　输入“人工客服”

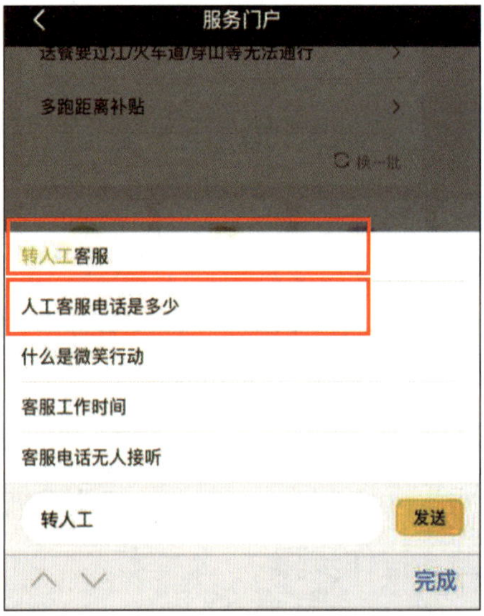

图 1-19　人工客服

步骤 8：发现违禁品订单，第一时间报警，可请警方协助调查，网络平台会对配送员号码进行隐私保护，并配合警方保护配送员的隐私和人身安全。

步骤 9：按警方要求积极配合工作，需要任何帮助，均可联系网络平台。

培训项目 4 接单后处理

培训单元 1 疑似限运品、禁运品的处理

培训重点

1. 了解疑似限运品、禁运品处理的相关知识。
2. 掌握疑似限运品、禁运品处理的流程与步骤。

知识要求

一、禁止或不予提供服务的物品范围

1. 动物或濒危野生动物及其制品，如猫、狗、象牙、虎骨、犀牛角及其制品等。

2. 代遛宠物（动物）、接送孩子（人）、网吧开机 / 占位、给宠物喂食或洗浴、购买处方药、帮充手机费或 Q 币等虚拟物品、存取现金等非“帮取”“帮送”性质的服务需求。

3. 毒品及吸毒工具、非正当用途的麻醉药品和精神药品、非正当用途的易制毒化学品等。

4. 管制刀具、易燃易爆化学品、枪支（含仿制品、主要零部件）、弹药。

5. 法律、法规、国务院和国务院有关部门规定禁止寄递的其他物品。

二、涉毒物品的识别

1. 包装

包装常用锡箔纸、油纸、烟盒等。外包装常用信封、快递袋、纸盒。

2. 外形

外形呈白色粉末状、晶体粉末状、药片状。

3. 收取地点

取货地点与收货地点距离近；从快递柜取货，送至附近地点；取货地点和发货人行为可疑。

三、国家法律、法规对涉毒订单的处理

1. 走私、贩卖、运输、制造毒品罪，无论数量多少，都应当追究刑事责任，予以刑事处罚。

2. 走私、贩卖、运输、制造毒品，有下列情形之一的，处 15 年有期徒刑、无期徒刑或者死刑，并处没收财产。

（1）走私、贩卖、运输、制造鸦片 1 kg 以上、海洛因或者甲基苯丙胺（冰毒）50 g 以上或者其他毒品数量大的。

（2）走私、贩卖、运输、制造毒品的首要分子。

（3）武装掩护走私、贩卖、运输、制造毒品的。

（4）以暴力抗拒检查、拘留、逮捕、情节严重的。

（5）参与有组织的国际贩毒活动的。

四、网络平台对涉毒订单的处理

在帮买帮送中，如果配送员故意隐瞒配送涉及违禁品订单，将面临“永久停止服务，并限制重新入职”的处罚。

五、帮买高价值物品的注意事项

1. 如遇到需要支付的物品价值较高，可在垫付货款后立即与客户联系，确认物品价值并发起线上支付，不要和客户通过微信或支付宝等方式私下转账。

2. 一定留意购买商家是否为真实商家门店，确认物品价值并与客户做好充分沟通，避免购买后无法追溯商家和客户拒收物品带来的损失。

3. 购买完成后，如实在 App 上填写物品价格并上传物品、商家门头和小票信息，拍照留存证据。

六、帮送高价值物品的注意事项

1. 提醒客户如实、正确、完整填写物品信息。
2. 检查物品的完整性，并按照订单详情核实物品，取货拍照上传。
3. 根据物品类型进行密封或选择泡沫等进行包装。
4. 使用填充物与其他配送物品进行隔离，防止出现磨损或剐蹭。
5. 使用泡沫或其他填充物进行固定，防止在配送过程中出现损坏。
6. 在配送过程中注意安全，反复确认收货人信息，防止他人冒领。

技能操作

技能 处理限运品、禁运品订单

一、操作准备

1. 实训场所要求

实训场所应具备教师演示和学员练习两种功能，如人员流动性小，能够遮风挡雨，并且比较安静的场所。

2. 实训设备要求

准备智能手机、充电宝（智能手机、充电宝有充足的电量），以及相应的 App。

二、操作步骤

场景 1：客户拒绝开箱验货。与客户协商开箱验货，如果客户坚持拒绝开箱验货，配送员可拒绝配送并上报客服取消订单。

场景 2：在接到疑似限运品、禁运品订单时，客户拒绝开箱拍照验货，配送员委婉拒绝配送，并及时上报客服说明原因。

场景 3：当客户提出“帮买指定高价衣物”“帮买非商家店铺销售的红酒”“帮买话费充值卡提前索要密码”等要求，并承诺“事后给 ×× 元小费”，配送员确认是否为真实的客户并按照流程发起线上支付。

场景 4：当客户没有现金，要求微信转账时，配送员委婉拒绝，并上报系统订单异常，联系站长，确认是否为诈骗订单。

场景 5：帮买客户反馈配送员多收费，如“××网上价格为 69 元，配送员实际在药店购买花费 269 元”。遇到这种情况，配送员首先确认客户需求无误，购买前应再次与客户确认，购买后应提供相应的购买物品小票照片，以及商家门头照片并上传。

培训单元 2　临时调度订单的交接与核对

培训重点

1. 了解临时调度订单交接与核对的相关知识。
2. 掌握临时调度订单交接与核对的流程与步骤。

知识要求

一、临时调度订单交接与核对的相关知识

网络平台会将无人接收的订单或转单进行临时调配，当配送员收到网络平台调配的临时订单时，首先要核对路径规划图，查看是否与自己的配送路径一致，其次要核对商家的地理位置，以及配送的物品信息。若没有问题，按照新的配送时间和路径进行配送，若有问题，可以取消订单。

二、临时调度订单交接与核对的流程

登录 App→设置“配送模式”→点击“上线”→点击“接受转单”→核对订单信息→若无问题，配送。

技能操作

技能　交接与核对临时调度订单

一、操作准备

1. 实训场所要求

实训场所应具备教师演示和学员练习两种功能，如人员流动性小，能够遮风挡雨，并且比较安静的场所。

2. 实训设备要求

准备智能手机、充电宝（智能手机、充电宝有充足的电量），以及相应的 App。

二、操作步骤

步骤 1：登录 App。

步骤 2：设置“配送模式”，设置最大单量。

步骤 3：点击“上线”。

步骤 4：点击“刷新列表”，如图 1–20 所示。

步骤 5：点击“接受转单”，如图 1–21 所示。

步骤 6：核对转单信息，包括路径信息、物品信息、商家信息等，如图 1–22 所示。

步骤 7：核对后若无问题，在规定时间内完成配送。

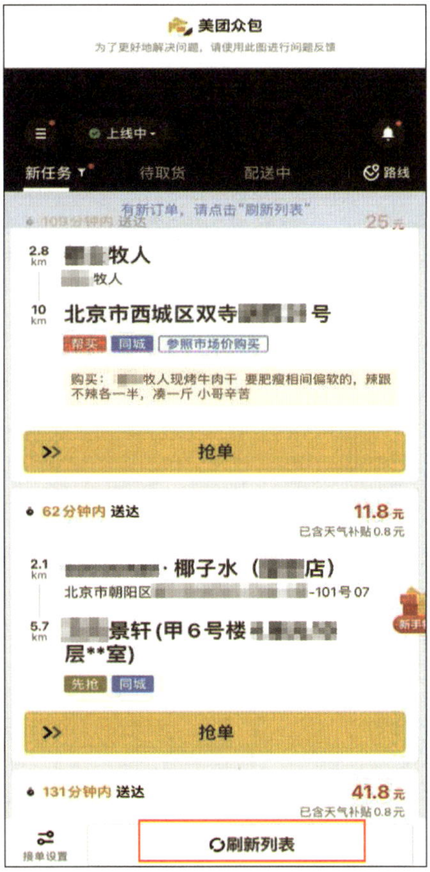

图 1–20　刷新列表

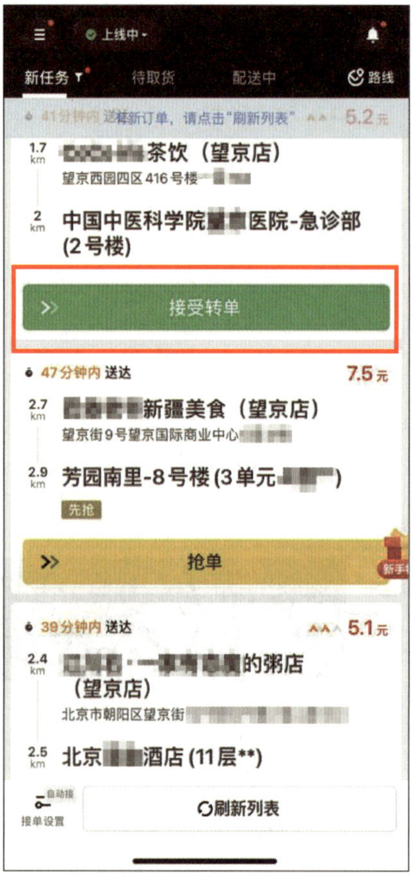

图 1–21　接受转单

图 1–22　核对转单信息

培训模块二
订单配送

培训项目 1　配送前准备
培训项目 2　配送服务
培训项目 3　配送后处理

培训项目 1 配送前准备

培训单元 1 货款的核对

培训重点

1. 了解预付货款核对、到付资费核对的相关知识。
2. 掌握预付货款核对、到付资费核对的流程与步骤。

知识要求

一、预付货款的含义

预付货款是商业信用的一种形式。购货方先付货款，约定在以后一定时期收货的一种交易方式。在我国，按政策规定向生产单位或个人发放的农副产品预购定金、付给建筑安装企业较大工程的预付工程款等，均属预付货款性质。预付货款在一定程度上可以解决供货方资金不足的困难，但会提前增加社会购买力，不利于国家有计划地分配物资和资金。故应严格控制其应用范围。在商业会计中，预付货款常用“预付货款”“预购定金”等账户进行核算。预付时增（借）记上述账户，收货后结算冲销时记减（贷）方。

二、到付资费的含义

到付资费是指物品运达目的地后，由收货人给付运费。采用到付资费的方式，承运方的风险较大，因为可能会发生收货人不提货、不付运费的情况。

三、预付货款核对、到付资费核对的含义

预付货款核对是指依据订单信息，对预付货款进行资金结算。

到付资费核对是指依据订单信息，对已经收到的物品进行资金结算。

技能操作

技能　核对货款

一、操作准备

1. 实训场所要求

实训场所应具备教师演示和学员练习两种功能，如人员流动性小，能够遮风挡雨，并且比较安静的场所。

2. 实训设备要求

准备智能手机、充电宝（智能手机、充电宝有充足的电量），以及相应的 App。

二、操作步骤

步骤 1：登录 App。

步骤 2：将“配送模式”设置为“同城模式”，设置最大单量。

步骤 3：点击“上线”。

步骤 4：点击“刷新列表”。

步骤 5：抢单或接收系统推单，如图 2–1 所示。

步骤 6：核对订单信息，到店购买物品，购买前联系客户，进一步沟通、核对物品信息，确认无误后，先行垫付货款，如图 2–2 所示。

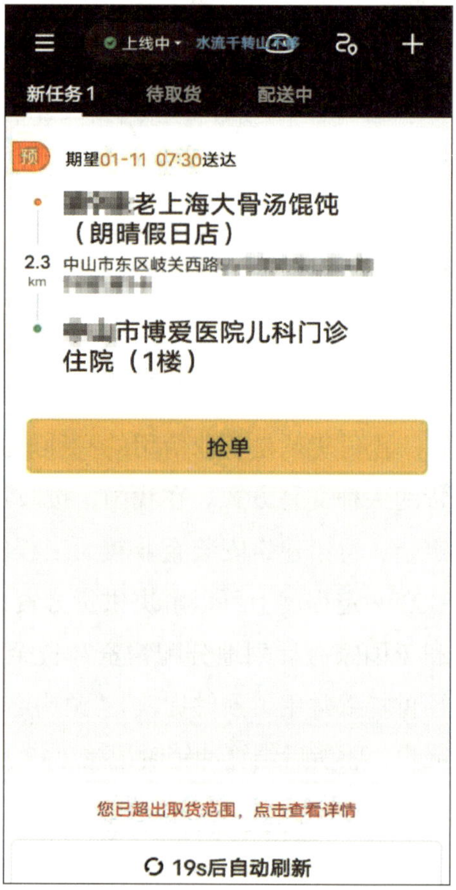

图 2–1　抢单

图 2-2 垫付货款

步骤 7：配送员在 App 发起支付金额后，推送给客户线上支付。待物品送达，订单结束后，配送费发放至 App 余额。

培训单元 2 配送物品的防护

培训重点

1. 了解配送物品防护的相关知识。
2. 掌握配送物品防护的流程与步骤。

知识要求

一、物品分类的方法

配送物品一般分为普通物品、特殊物品、违禁物品。

1. 普通物品

普通物品主要指食品、日用品，以及其他用品等。

2. 特殊物品

特殊物品主要指易燃物品、易碎物品、冷鲜物品、非处方药、计生用品，以及其他用品等。

3. 违禁物品

违禁物品与“培训模块一”中“禁止或不予提供服务的物品范围”中的物品基本相同，主要包括以下几类。

（1）动物或濒危野生动物及其制品，如猫、狗、象牙、虎骨、犀牛角及其制品等。

（2）毒品及吸毒工具、非正当用途的麻醉药品和精神药品、非正当用途的易制毒化学品等。

（3）管制刀具、易燃易爆化学品、枪支（含仿制品、主要零部件）、弹药。

（4）法律、行政法规、国务院和国务院有关部门规定禁止寄递的其他物品。

二、餐品存放的基本要求

配送员在进行餐品存放时，遵循的基本要求如下。

1. 餐品放置应遵循大不压小，重不压轻的原则。

2. 餐品放置应以不晃动为原则，可以通过使用隔板、杯托，调整餐品位置，尽量保证餐品不晃动。

3. 开口向上原则，所有餐品必须确保开口向上。

4. 冷热分离原则，冷的餐品与热的餐品要分不同的保温箱放置。

5. 预估餐品重量，确保所有餐品包装不被压变形。

6. 多订单餐品按送餐顺序放置，先送的餐品放上面，后送的餐品放下面。

技能操作

技能 防护配送物品

一、操作准备

1. 实训场所要求

实训场所应具备教师演示和学员练习两种功能，如人员流动性小，能够遮风挡雨，并且比较安静的场所。

2. 实训设备要求

准备多部智能手机、充电宝（智能手机、充电宝有充足的电量），以及配送车辆、头盔、配送箱。

二、操作步骤

步骤 1：客户下单→配送员接单。若是违禁物品，拒收，同时上报平台。

步骤 2：根据客户订单，对物品进行区分。

步骤 3：摆放饮料类餐品时，贴紧餐品竖放泡沫垫，起到加固作用，如图 2–3 所示。

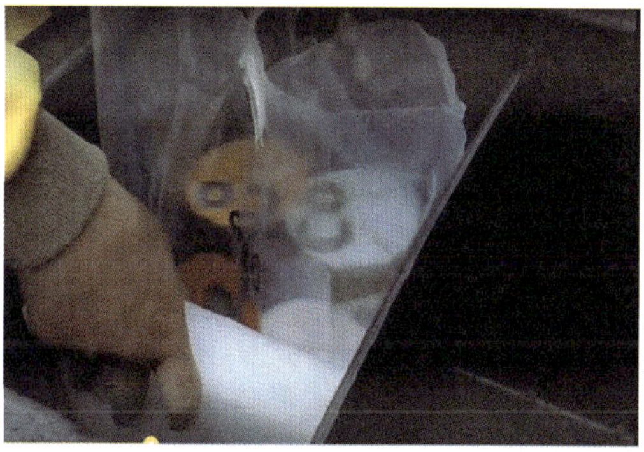

图 2–3 餐品加固

步骤 4：摆放汤水类餐品时，用隔板和泡沫垫加固摆放，防止汤汁洒漏，如图 2–4 所示。

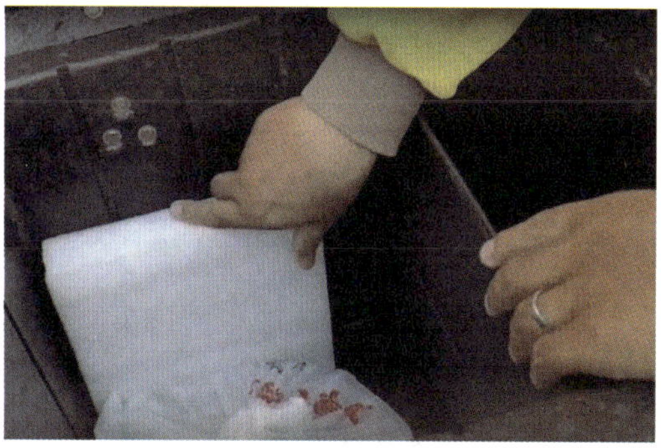

图 2–4 用隔板和泡沫垫加固摆放餐品，防止汤汁洒漏

步骤 5：摆放多个餐品时，注意大不压小，重不压轻，冷热分开，用泡沫垫承重与缓震。

步骤 6：有特殊气味的餐品隔离摆放，防止餐品串味儿。

培训项目 2 配送服务

培训单元 1　货款的收取

培训重点

1. 了解收取货款的相关知识。
2. 掌握收取货款的流程与步骤。

知识要求

一、配送员取货时的注意事项

配送员取货时，要告知客户禁运品不能递送，并且对物品进行仔细查验，确认物品的完整性和包装的安全性，检查是否为易损易碎物品，是否可安全配送（和客户说明：未经查验或易损易碎物品，不保证物品安全送达）；取货时，必须在取货地址点击“取货”，同时需多角度对物品进行拍照，确保物品全部处于拍摄范围内，同时必须将随货小票或发票清晰拍照上传。

二、收取货款的流程

物品送达时，要主动提示客户检查物品，同时提供小票、发票等支付凭证，客户确认无误后点击“送达”。

技能操作

技能　收取货款

一、操作准备

1. 实训场所要求

实训场所应具备教师演示和学员练习两种功能，如人员流动性小，能够遮风挡雨，并且比较安静的场所。

2. 实训设备要求

准备多部智能手机、充电宝（智能手机、充电宝有充足的电量），以及配送车辆、头盔、配送箱。

二、操作步骤

步骤 1：登录 App。

步骤 2：将“配送模式”设置为“同城模式”，设置最大单量。

步骤 3：点击“上线”。

步骤 4：点击“刷新列表”。

步骤 5：抢单或接收系统推单。

步骤 6：核对订单信息，到店购买物品，购买前联系客户，进一步沟通、核对物品信息，确认无误后，先行垫付货款。

步骤 7：配送员在 App 发起支付金额后，给客户推送线上支付。如遇到帮买高价值物品，及时联系客户沟通确认，并在垫付货款后及时发起线上支付。

步骤 8：如实填写物品价格并上传物品、商家门头和小票信息。

步骤 9：确认客户线上支付并拿到收件码，点击“我已送达”后再交付物品，如图 2–5 所示。

图 2–5　等待客户支付

步骤 10：点击“已送达”并编写收件

码，如图 2–6 所示。

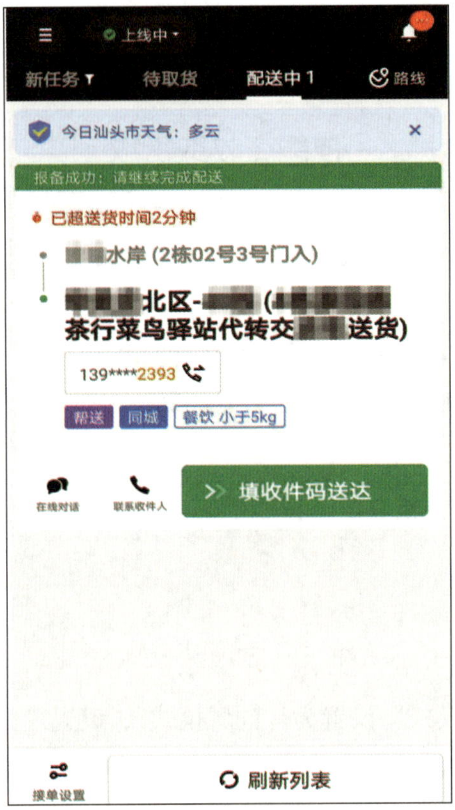

图 2–6　已送达

培训单元 2　调配订单的配送

培训重点

1. 了解调配订单配送的相关知识。
2. 掌握调配订单配送的流程与步骤。

知识要求

一、调配订单配送的时间要求

1. 到店 / 取货时间

外卖订单无要求；帮买订单不可超过预约送达时间，帮送订单需要早于预约取件时间。

2. 送达时间

外卖 / 帮买预约订单需要在预计送达时间前 15 min 内或预计送达时间后 8 min 内，且在客户处点击“送达”，提前或超时送达都会产生违规罚单；帮送订单的送达时间以订单显示时间为考核标准。

二、调配订单配送的流程

接收调配订单→上报到店→取餐→送餐。

技能操作

技能　配送调配订单

一、操作准备

1. 实训场所要求

实训场所应具备教师演示和学员练习两种功能，如人员流动性小，能够遮风挡雨，并且比较安静的场所。

2. 实训设备要求

准备多部智能手机、充电宝（智能手机、充电宝有充足的电量），以及配送车辆、头盔、配送箱。

二、操作步骤

步骤 1：配送员抢单。在网络平台上看到订单后，配送员需点击“抢单”按钮，“确认抢单”表示已抢到此单，如图 2–7 所示。

步骤 2：配送员到店。配送员查看订单详情，合理规划路径前往商家，到达商家后点击“上报到店”按钮，如图 2–8 所示。

图 2–7　配送员抢单

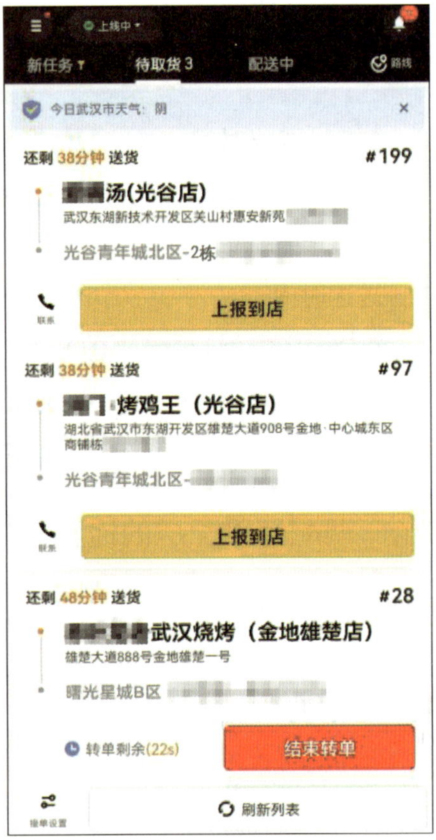

图 2–8　配送员到店

步骤 3：配送员取餐。配送员与商家确认餐品出餐情况，核对小票信息与餐品无误，将餐品取走，点击“我已取货”按钮，并按要求将餐品摆放到配送箱中，如图 2–9 所示。

步骤 4：配送员送餐。根据客户地址、订单配送时长等信息合理规划路径，遵守交通规则，保证将餐品按时送达客户手中，如图 2–10 所示。

步骤 5：订单送达。配送员到达客户处，联系客户取餐，协助客户验餐，礼貌告别，并点击“已送达”按钮，如图 2–11 所示。

步骤 6：客户签收。客户核对订单确认收货。

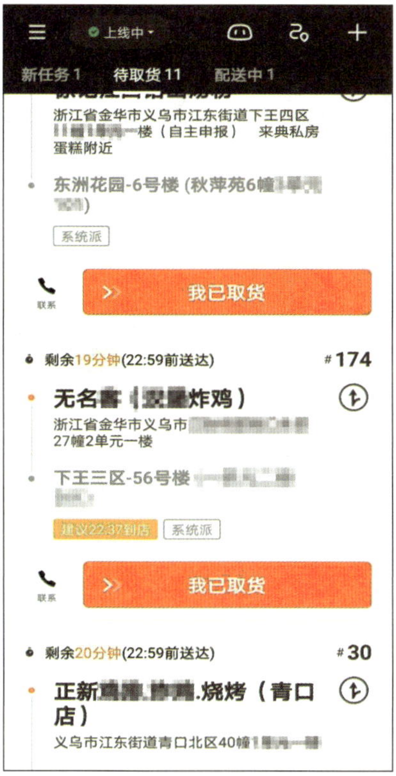

图 2-9 配送员取餐

图 2-10 路径规划

图 2-11 订单已送达

培训项目 3 配送后处理

培训单元 1 未配送物品信息的上报

培训重点

1. 了解未配送物品信息上报的相关知识。
2. 掌握上报未配送物品信息的流程与步骤。

知识要求

一、未配送物品信息上报的含义

未配送物品信息上报是指配送员在配送物品的过程中，出现意想不到的状况，无法完成正常配送，须将异常情况上报到网络平台的过程。

二、未配送物品信息上报的流程

在异常情况下，会出现物品无法配送，上报流程如下。

1. 客户拒绝收餐

配送员未超过配送时间，但是客户找理由拒绝收餐。此情况原则上是不接受退餐的，如果客户执意拒绝收餐，请客户联系客服，同时配送员在网络平台进行未配送物品信息上报。

2. 联系不上客户

客户电话无法接通或者联系方式错误、空号等，可点击“订单详情”中的“上报异常”进行处理。

3. 客户发现漏餐或送错餐

首先，配送员要向客户致歉，并询问客户是想申请退款还是补餐，建议引导客户补餐，同时配送员在网络平台进行未配送物品信息上报或联系客服。

4. 送餐途中，发生餐损或丢餐

配送员在送餐途中发生餐损或丢餐，需第一时间联系客户说明原因，请求客户谅解，同时配送员在网络平台进行未配送物品信息上报或联系客服，平台会根据实际上报信息进行处理。

5. 客户验餐时发现有异物

首先，配送员要向客户道歉，说明原因请求谅解；其次，联系商家，将情况进行告知；最后，在网络平台进行未配送物品信息上报或联系客服。

6. 送餐途中，发生交通事故

小事故：保持冷静，通知站长，查看伤势，检查餐品，等候处理。同时在网络平台进行未配送物品信息上报或联系客服。

大事故：保持冷静，通知交警，告知站长，等候处理。同时在网络平台进行未配送物品信息上报或联系客服。

7. 送餐途中，交通工具丢失

保持冷静，立即报警，等候处理，告知站长，等待调度。同时在网络平台进行未配送物品信息上报或联系客服。

8. 送餐途中，配送车辆出现问题

告知站长，说明位置，等待救援和调度。同时在网络平台进行未配送物品信息上报或联系客服。

技能操作

技能　上报未配送物品信息

一、操作准备

1. 实训场所要求

实训场所应具备教师演示和学员练习两种功能，如人员流动性小，能够遮风挡雨，并且比较安静的场所。

2. 实训设备要求

准备多部智能手机、充电宝（智能手机、充电宝有充足的电量），以及配送车辆、头盔、配送箱。

二、操作步骤

1. 客户拒绝收餐

步骤 1：送餐前联系客户并与客户进行沟通，若客户拒绝收餐，请客户联系客服说明情况。

注意：任何时候，配送员不得反驳、打骂客户。

步骤 2：进入“订单详情”页点击“遇到问题”。

步骤 3：选择“异常处理”，上报异常。

步骤 4：选择“客户拒收”，报备成功，如图 2–12 所示。

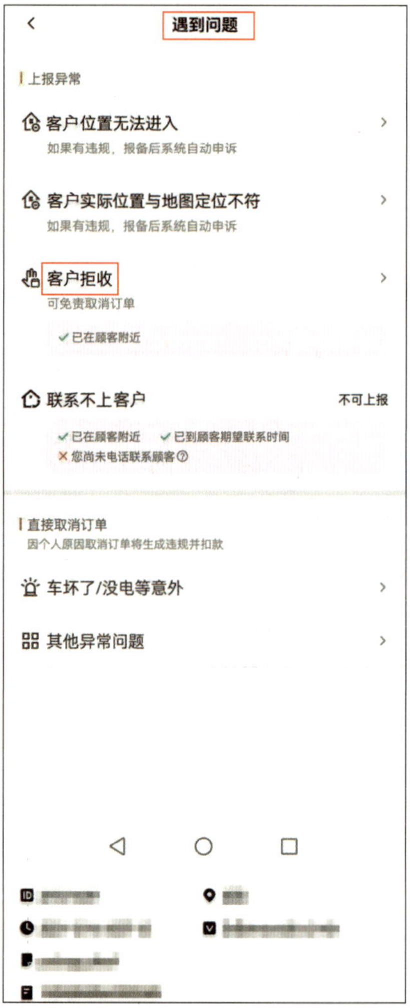

图 2–12　遇到问题：客户拒收

2. 联系不上客户

步骤 1：上报异常。

（1）在“订单详情”页点击“遇到问题”。

（2）选择“联系不上客户”，如图 2–13 所示。

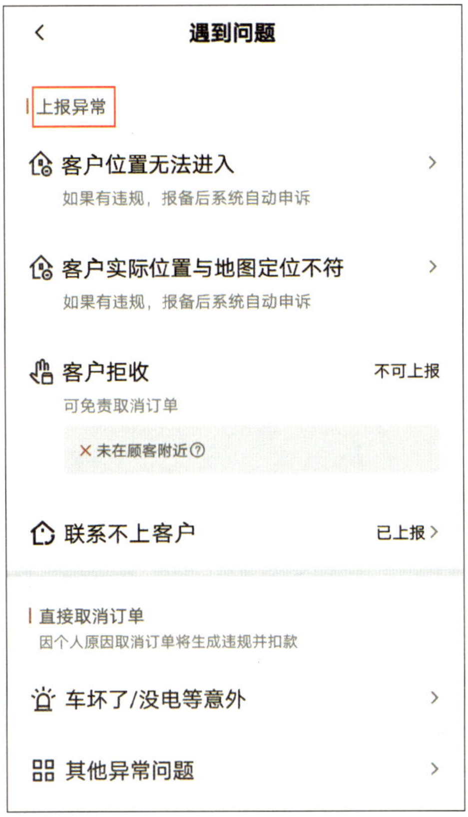

图 2-13 联系不上客户

（3）如客户有备用号码需要先拨打备用号码，如无备用号码，直接点击“上报异常”。

（4）选择联系不上客户的原因，当选择标红原因时需要发短信给客户。

（5）消息或短信发送成功后，点击“确认上报”，如图 2-14 所示。

（6）点击“确认上报”后，系统会拨打客户电话进行验证。

步骤 2：上报异常成功后继续配送其他餐品，且该餐品需要在 2 h 内归还商家，如图 2-15 所示。

步骤 3：如果客户要求再次配送，系统重新计算配送时间，按新时间考核配送员。

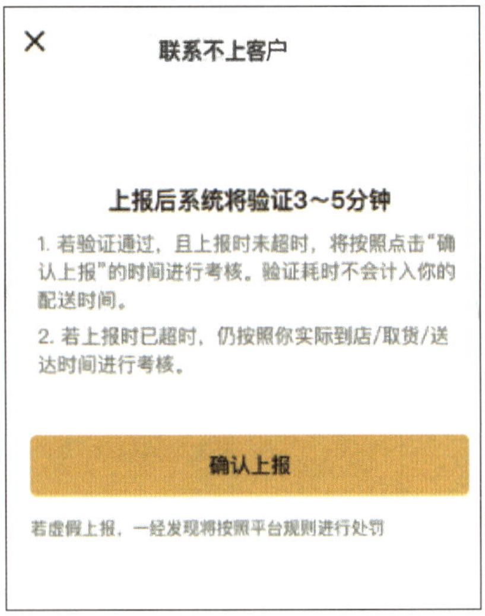

图 2-14 确认上报

步骤 4：如果客户没有要求再次配送，需要将餐品归还商家。

步骤 5：取消订单后，电话联系客服申诉多跑距离补款。

3. 客户发现漏餐或送错餐

步骤 1：首先向客户道歉，并询问客户是想申请退款还是补餐，建议引导客户补餐。

步骤 2：若客户申请补餐，联系商家进行补餐。

步骤 3：进入“订单详情”页点击“遇到问题”。

步骤 4：选择异常处理，上报异常，同时上报未配送物品信息。

4. 地址错误

（1）商家地址错误

步骤 1：在“订单详情”页点击“遇到问题”。

步骤 2：选择“商家地址错误”，如图 2–16 所示。

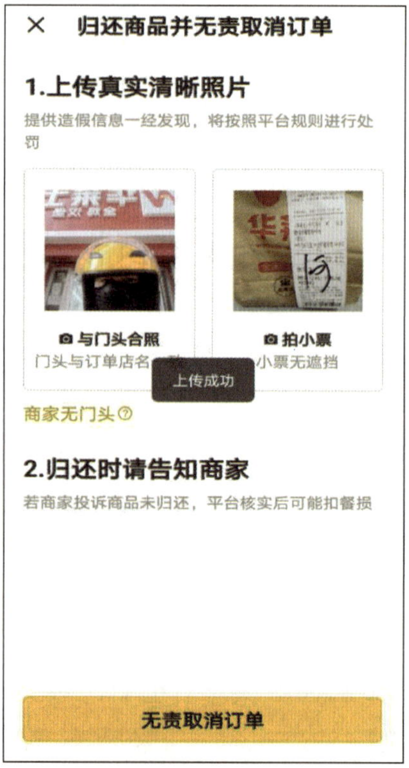

图 2–15　餐品归还商家

图 2–16　商家地址错误

步骤 3：标记商家实际位置。

步骤 4：可选择“继续配送”或“取消订单”。

步骤 5：选择“继续配送”时，因商家地址错误引起的扣款，如到店位置异常、取货超时、取货位置异常、送达超时，系统将自动发起申诉。

步骤 6：选择“取消订单”时，因此产生的取消订单扣款需要配送员联系客服进行申诉。

（2）客户地址错误

步骤 1：客户地址错误，联系客户核实地址，并确认是否可以继续配送，如图 2–17 所示。

步骤 2：选择“继续配送”时，告知客户实际情况，请客户耐心等待，因此产生的订单扣款，在“我的罚单”进行申诉，选择“送达时定位出错”。

步骤 3：选择“取消订单”时，将餐品返回商家，因此产生的订单扣款，事后可以联系客服进行申诉，如图 2–18 所示。

图 2–17　客户地址错误

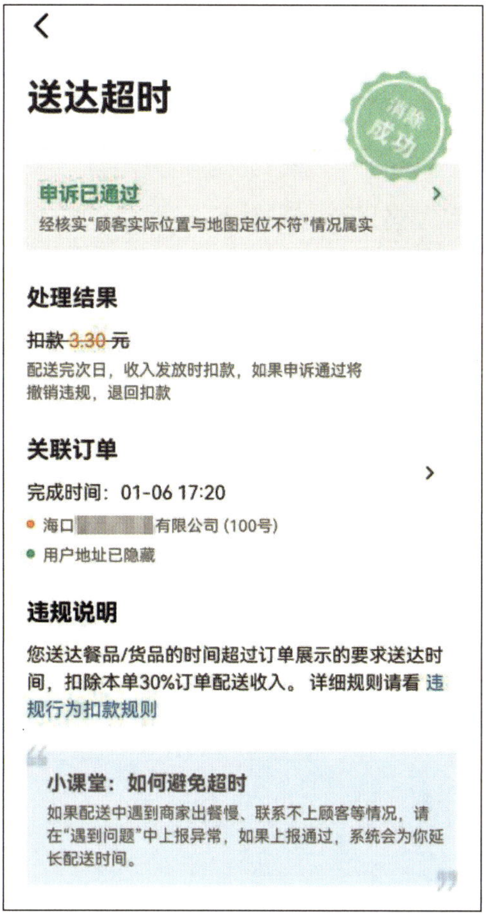

图 2–18　联系客服进行申诉

5. 送餐途中发生餐损或丢餐

步骤 1：联系客户说明原因，请求客户谅解，并询问客户是想申请退款还是补餐，建议引导客户补餐。

步骤 2：若客户同意补餐，联系商家进行补餐。

步骤 3：若客户要求退餐，进入“订单详情”页点击“遇到问题”。

步骤 4：选择“异常处理”，上报异常，同时上报未配送物品信息。

培训单元 2　未配送物品的移交

培训重点

1. 了解移交未配送物品的相关知识。
2. 掌握移交未配送物品的流程与步骤。

知识要求

一、未配送物品的含义

未配送物品是指异常订单无法完成正常配送，返回商家或客户手中的物品。

二、移交未配送物品的流程

登录 App→设置“配送模式”→点击“上线”→抢单 / 接收系统推单→核对订单信息→若为异常订单，上报平台→移交未配送物品。

技能操作

技能　移交未配送物品

一、操作准备

1. 实训场所要求

实训场所应具备教师演示和学员练习两个功能，如人员流动性小，能够遮风挡雨，并且比较安静的场所。

2. 实训设备要求

准备多部智能手机、充电宝（智能手机、充电宝有充足的电量），以及配送车辆、头盔、配送箱。

二、操作步骤

步骤 1：登录 App。

步骤 2：将“配送模式”设置为“同城模式”。

步骤 3：点击“上线”。

步骤 4：抢单 / 接收系统推单。

步骤 5：核对订单信息。

步骤 6：若联系不上商家或客户，为异常订单，且物品无法返回，上报平台。

步骤 7：移交未配送物品。

培训模块三 异常管理

培训项目 1　客户投诉处理
培训项目 2　异常订单处理
培训项目 3　应急处理

培训项目 1 客户投诉处理

培训单元 1 简单配送异常的处理

培训重点

1. 了解简单配送异常的相关知识。
2. 掌握简单配送异常处理的流程与步骤。

知识要求

一、简单配送异常的含义

简单配送异常是指配送员在配送过程中，出现无法完成配送的异常情况，包括取餐环节异常、送餐环节异常。

取餐环节异常包括商家出餐慢、商家未营业、商家自配送、商家无货、商家地址错误等情况。

送餐环节异常包括联系不上客户、客户实际位置与地图定位不符、客户位置无法进入、客户拒绝收餐、客户修改配送地址，以及客户修改配送时间等情况。

二、简单配送异常处理的基本流程

取餐环节异常的处理流程：到达商家位置（一定是到店后）→点击“上报到店”（系统会自动记录和核实配送员与商家的位置）→点击“遇到问题”→点击

“上报异常”。

送餐环节异常的处理流程：到达客户地址附近→联系客户→点击“遇到问题”→点击“上报异常”→继续配送或取消。

技能操作

技能　处理简单配送异常

一、操作准备

1. 实训场所要求

实训场所应具备教师演示和学员练习两种功能，如人员流动性小，能够遮风挡雨，并且比较安静的场所。

2. 实训设备要求

准备智能手机、充电宝（智能手机、充电宝有充足的电量），以及相应的App。

二、操作步骤

1. 商家出餐慢

步骤1：配送员到达商家位置，点击“上报到店”。

步骤2：如果商家在15 min内未完成出餐，配送员可在“订单详情”页点击“遇到问题”，出现问题列表页面，如图3–1所示。

步骤3：选择“商家出餐慢”后点击“确认上报”，如图3–2所示。上报完成后可以选择“取消订单 / 继续等待”，如图3–3所示。

2. 商家未营业

步骤1：在“订单详情”页点击“遇到问题”选择“商家未营业”，如图3–4所示。

步骤2：上传商家未营业照片后，选择“下一步”，如图3–5所示。商家未营业照片包

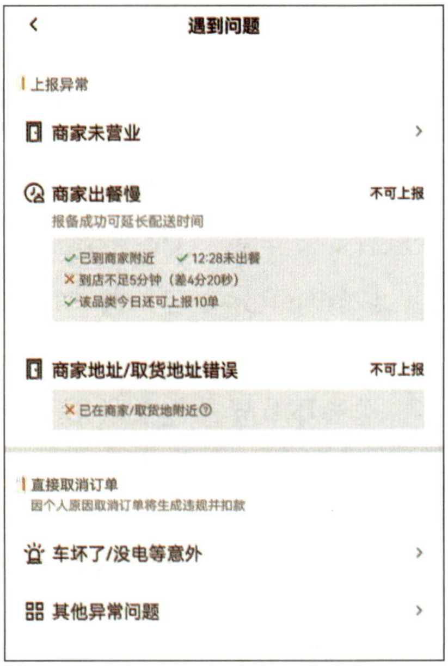

图3–1　点击“遇到问题”

括 1 张全景图（包含商家招牌及门脸）（见图 3–6）和 1 张门锁细节图（包含门锁或门把手细节）。

步骤 3：给客户发消息，如图 3–7、图 3–8 所示。

步骤 4：取消订单，如图 3–9 所示。

3. 商家自配送

步骤 1：配送员到达商家后，商家反馈订单已经转自配送（自行配送或其他公司配送）。

步骤 2：配送员现场与商家沟通，尝试让商家取消订单。

步骤 3：商家不愿意取消订单，则由配送员取消订单。

步骤 4：配送员联系客服，对因商家自配送导致取消订单进行申诉，客服会致电商家核实，若无问题则申诉通过。

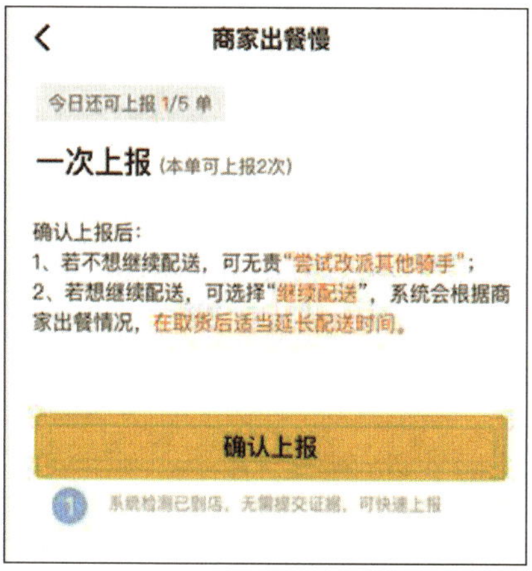

图 3–2　选择“商家出餐慢”

图 3–3　选择“取消订单 / 继续等待”

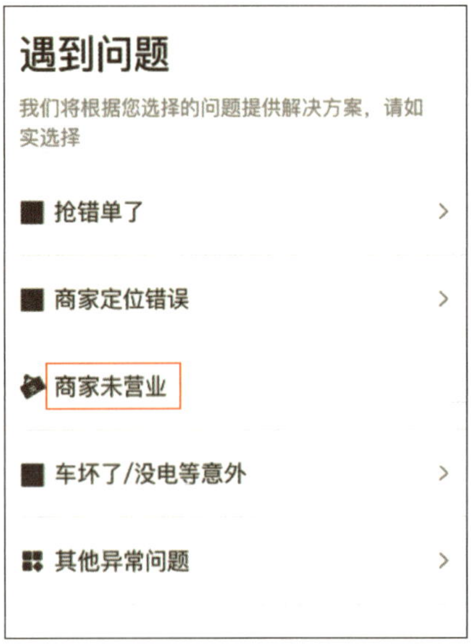

图 3-4　选择“商家未营业”

图 3-5　上传商家未营业照片

图 3-6　全景图

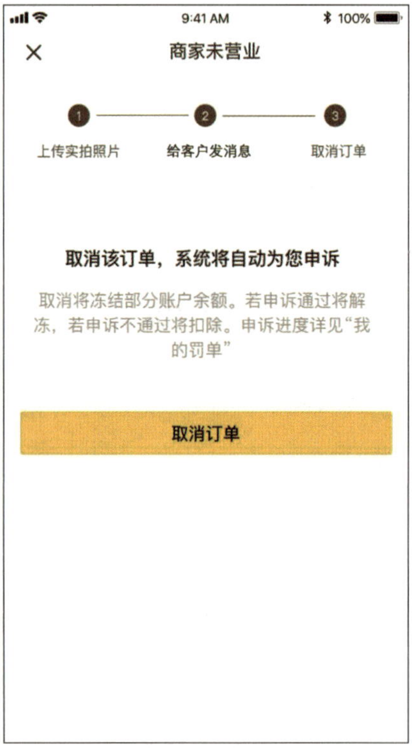

图 3-7　给客户发消息

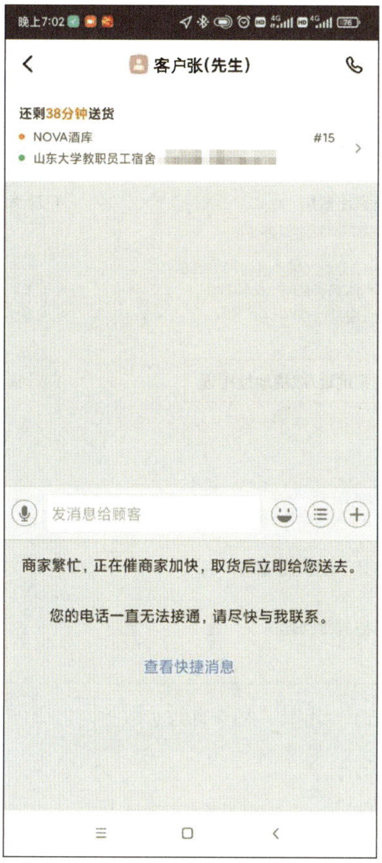

图3-8　联系客户

图3-9　取消订单

4. 商家无货

步骤1：配送员到达商家后，商家反馈订单物品无货、缺货。此时建议配送员尝试协调商家取消订单。

步骤2：若商家不愿意取消订单，则配送员现场联系客服，反馈商家无货的情况。

步骤3：客服会要求配送员保持在线并外呼商家核实情况。

步骤4：如商家的确无货，则客服会告知配送员取消订单，产生罚单后，可以协助申诉补款。

步骤5：如商家有货，建议配送员重新与商家沟通，完成配送，并告知配送员取消订单会产生罚款且无法补款。

5. 商家地址错误

步骤1：在“订单详情”页点击“遇到问题”，如图3–10所示。

步骤2：选择“商家地址/取货地址错误”，如图3–11所示。

图 3–10 遇到问题

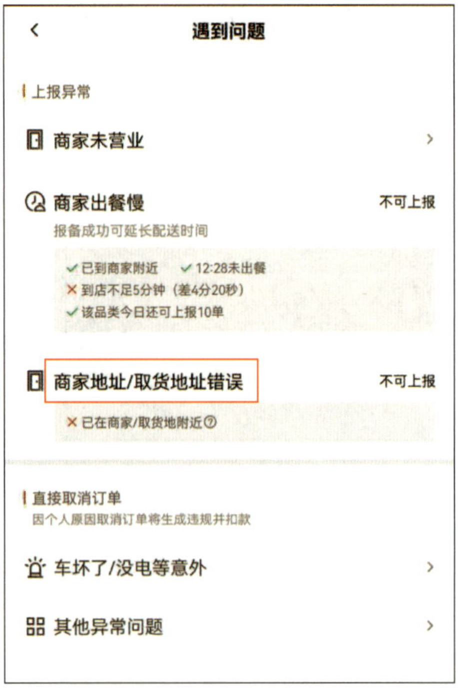

图 3–11 选择“商家地址 / 取货地址错误”

步骤 3：标记商家实际位置，如图 3–12 所示。

步骤 4：可选择“继续配送”或“取消订单”，如图 3–13 所示。

图 3–12 标记商家实际位置

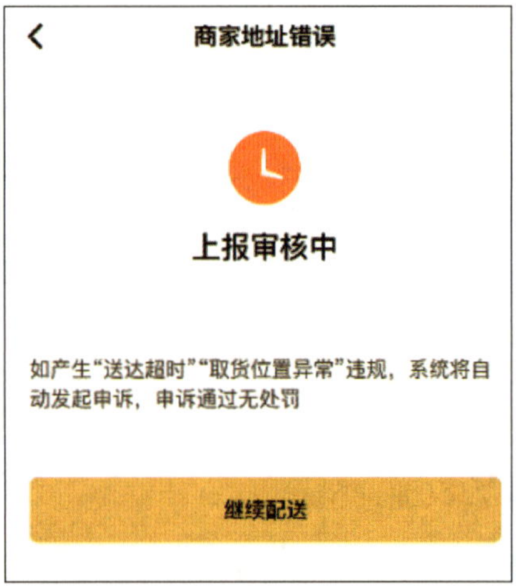

图 3–13 选择“继续配送”或“取消订单”

步骤 5：选择“继续配送”时，因商家地址错误引起的扣款，如到店位置异常、取货超时、取货位置异常、送达超时，系统将自动发起申诉，如图 3–14 所示。

步骤 6：选择“取消订单”时，因此产生的取消订单扣款需要配送员联系客服进行申诉，如图 3–15 所示。

图 3–14　上报申诉

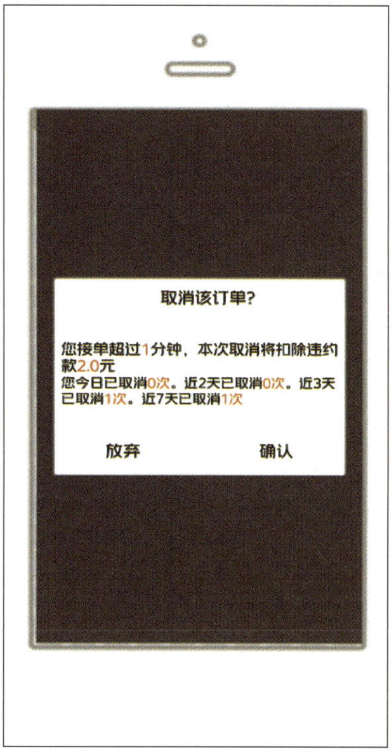

图 3–15　联系客服进行申诉

培训单元 2　客诉反馈意见的处理

培训重点

1. 了解客诉反馈意见的相关知识。
2. 掌握客诉反馈意见处理的流程与步骤。

知识要求

一、申诉的含义

申诉是指配送员在正常配送过程中，遇到非配送员个人原因导致的订单无法完成配送或者无法准时配送等异常情况，配送员所属配送公司依据配送规则会对配送员进行相应的处罚和扣款，配送员可提供相应证据进行说明，减少个人损失。

二、客诉反馈意见的含义

客诉反馈意见是指配送员发起申诉，并提供相应的证据，客服 / 系统接到配送员的申诉后给出的反馈意见。

技能操作

技能　处理客诉反馈意见

一、操作准备

1. 实训场所要求

实训场所应具备教师演示和学员练习两种功能，如人员流动性小，能够遮风挡雨，并且比较安静的场所。

2. 实训设备要求

准备多部智能手机、充电宝（智能手机、充电宝有充足的电量），以及配送车辆、头盔、配送箱。

二、操作步骤

1. 商家出餐慢

（1）一次申诉：上报异常→点击“遇到问题”→选择“商家出餐慢”。

（2）配送员申诉所需证据：一张配送员与商家门头的合影照片（包括商家名称和配送员正脸）。

2. 商家未营业

（1）一次申诉：上报异常→点击“遇到问题”→选择“商家未营业”。

（2）二次申诉：申诉→选择“商家未营业”。

（3）配送员申诉所需证据：一张配送员与商家门头的合影照片（包括商家名称和配送员正脸）。

3. 商家出错餐

（1）一次申诉：申诉→选择“商家出错餐”。

（2）二次申诉：申诉→选择“商家出错餐”。

（3）配送员申诉所需证据：若有聊天记录截图，可上传配送员与商家的聊天记录，证明商家出错餐。

4. 商家地址错误

（1）一次申诉：上报异常→点击“遇到问题”→选择“商家地址错误”。

（2）二次申诉：申诉→选择“商家地址错误”。

（3）配送员申诉所需证据：一张配送员与商家门头的合影照片（包括商家名称和配送员正脸）。

5. 商家无餐 / 不出餐

（1）一次申诉：申诉→选择“商家无餐 / 不出餐”。

（2）二次申诉：申诉→选择“商家无餐 / 不出餐”。

（3）配送员申诉所需证据：若有聊天记录截图，可上传配送员与商家的聊天记录，证明商家无餐 / 不出餐。

6. 商家自配 / 发其他平台

（1）一次申诉：申诉→选择“商家自配 / 发其他平台”。

（2）二次申诉：申诉→选择“商家自配 / 发其他平台”。

（3）配送员申诉所需证据：若有聊天记录截图，可上传配送员与商家的聊天记录，证明商家自配 / 发其他平台。

7. 联系不上客户

一次申诉：上报异常→点击“遇到问题”→选择“联系不上客户”。

8. 客户实际位置与地图定位不符

（1）一次申诉：上报异常→点击“遇到问题”→选择“客户实际位置与地图定位不符”。

（2）二次申诉：申诉→选择“客户实际位置与地图定位不符”。

（3）配送员申诉所需证据：若有聊天记录截图，可上传配送员与客户的聊天记录，证明客户实际位置与地图定位不符。

9. 客户位置无法进入

（1）一次申诉：上报异常→点击“遇到问题”→选择“客户位置无法进入”。

（2）二次申诉：申诉→选择“客户位置无法进入”。

（3）配送员申诉所需证据：若有聊天记录截图，可上传配送员与客户的聊天记录，证明客户位置无法进入。

10. 客户修改配送时间

（1）一次申诉：申诉→选择“客户修改配送时间”。

（2）二次申诉：申诉→选择“客户修改配送时间”。

（3）配送员申诉所需证据：若有聊天记录截图，可上传配送员与客户的聊天记录，证明客户修改配送时间。

11. 客户拒绝收餐

（1）一次申诉：上报异常→点击“遇到问题”→选择“客户拒收”。

（2）配送员申诉所需证据：若有聊天记录截图，可上传配送员与客户的聊天记录，证明客户拒绝收餐。

12. 客户修改配送地址

（1）一次申诉：上报异常→点击“遇到问题”→选择“客户修改配送地址”。

（2）二次申诉：申诉→选择“客户修改配送地址”。

（3）配送员申诉所需证据：若有聊天记录截图，可上传配送员与客户的聊天记录，证明客户修改配送地址。

三、注意事项

1. 罚单产生后，配送员需在申诉时效内发起申诉（具体的申诉截止时间以App页面显示为准），超过申诉时效，申诉入口将关闭。

2. 在App“申诉说明”界面进行申诉，正确地选择相应的场景，如图3–16所示。

申诉说明
异常场景的申诉方式及注意事项
遇到一个其他骑手取错餐的情况，导致我的订单违规了，唔！好难过……
非骑手原因导致的违规订单（完成单或取消单）都可以在App【违规申诉】界面进行申诉，正确地选择场景，通过率会更高哦！
一、可申诉的场景
商家原因
商家无餐/不出餐/少餐
商家自配/发其他平台
商家出错餐
商家定位错误
骑手原因
交通事故/出车祸
其他骑手取错餐
顾客原因
顾客实际位置与地图定位不符
顾客修改地址
顾客拒收
顾客位置无法进入
顾客修改配送时间
社会/系统原因
交通管制
其他原因
其他原因（可文字描述）
特殊说明：
商家：商家未营业、出餐慢、商家定位错误
顾客：顾客实际位置与地图定位不符、位置无法进入
上述原因上报异常后，系统会自动发起一次申诉，如果上报异常时提供的证明不合格，系统驳回后可手动发起二次申诉。
因骑手原因：车坏/车没电了或者抢错单了都属于骑手原因，不支持申诉哦！
二、申诉的操作路径
在App左上角的侧边栏
→选择【违规申诉】
我的账户
0.0元
订单统计
0单
违规申诉
我的评价
三、申诉的注意事项
申诉时效
一次申诉截止时间：
违规产生后的24小时内
二次申诉截止时间：
一审驳回后次日15点前
违规申诉
申诉方法
虚假配送及餐损联系客服操作，其他申诉场景均需通过App操作，请仔细学习申诉的操作方法。
注意事项
若有对应的申诉场景，比如遇到商家出错餐品，请选择【商家出错餐】。不建议选择【其他原因】进行申诉，避免申诉被驳回。
申诉场景清晰记忆
准确提交提升效率

图3–16 “申诉说明”界面

培训项目 2 异常订单处理

培训单元 1 配送异常的处理

培训重点

1. 了解配送异常的相关知识。
2. 掌握配送异常处理的流程与步骤。

知识要求

一、客户拒收的含义

客户拒收是指配送员到达客户地址后，客户拒绝收取物品。

二、配送延误的含义

配送延误是指配送员在规定时间内，没有将物品送达客户手中。主要原因包括商家出餐慢、商家地址错误，配送过程中出现交通管制、交通事故，送餐路径无法通行、配送车辆出现问题，以及其他配送员自身原因等情况。

三、配送异常的处理流程

1. 商家出餐慢

配送员到达商家位置，点击“上报到店”→如商家在 15 min 内未完成出餐，配送员在“订单详情”页点击“遇到问题”→选择“商家出餐慢”→选择“取消订单 / 继续等待”。

2. 客户拒收

配送员到达客户地址附近→客户拒收→联系客服→若取消订单则返餐。

3. 餐损导致配送异常

（1）餐洒或丢餐。配送过程中餐洒了或丢失，导致客户无法正常食用。配送员在订单详情页面点击“遇到问题”→上报异常→联系客户→赔付。

（2）接单 30 min 未去送餐。配送员应联系客户→说明无法送达→赔付，且不能申诉。

技能操作

技能 处理配送异常

一、操作准备

1. 实训场所要求

实训场所应具备教师演示和学员练习两种功能，如人员流动性小，能够遮风挡雨，并且比较安静的场所。

2. 实训设备要求

准备多部智能手机、充电宝（智能手机、充电宝有充足的电量），以及配送车辆、头盔、配送箱。

二、操作步骤

1. 客户拒收

步骤 1：配送员到达客户地址交付餐品时，客户因餐品洒漏、配送等原因拒绝接收，配送员需及时联系客服说明情况。

步骤 2：客服核实情况，配送员按照客服指引操作即可。

步骤 3：若客户最终取消订单，配送员要将餐品归还商家。

步骤 4：客户拒收发起的退款并选择原因为“配送原因”时，若配送员不认可，可以联系客服进行申诉。

2. 餐损导致配送异常

步骤 1：丢餐；在配送过程中，餐品洒漏导致客户无法正常食用；接单 30 min 未去送餐，跟客户说明无法送达。这些都需要配送员自己赔付，且不能申诉。

步骤 2：餐少了，送错地址，服务态度恶劣，没有将餐品送达客户手中，可以申诉。

步骤 3：联系客服上报异常。

步骤 4：上传配送员与客户的聊天记录。

3. 赔付

步骤 1：发生餐损一定线上进行赔付，不要线下私自赔付。

步骤 2：接单 1 min 后取消订单，会出现餐损。

步骤 3：若对餐损有疑问，要拨打人工客服进行申诉，48 h 内通过 App 可以看到处理结果。

培训单元 2　客户失联的处理

培训重点

1. 了解客户失联的相关知识。
2. 掌握客户失联处理的流程与步骤。

知识要求

一、客户失联

客户失联是指配送员到达客户地址后，遇到客户电话无法接通或者联系方式错误、空号等情况。

二、客户失联的处理流程

上报客户失联→报备成功后，继续配送其他餐品→如客户 30 min 内发起二次配送，需要再次配送→如客户 30 min 内未发起二次配送，则在 2 h 内将餐品归还商家→在商家位置上传返餐证据并取消订单。

三、客户位置无法进入

客户位置无法进入是指客户地址区域较大，且不允许配送员进入配送（如学校、医院），写字楼、酒店除外。

四、客户位置无法进入的处理流程

到达客户地址附近→联系客户→上报异常→继续配送或取消订单。

技能操作

技能 处理客户异常

一、操作准备

1. 实训场所要求

实训场所应具备教师演示和学员练习两种功能，如人员流动性小，能够遮风挡雨，并且比较安静的场所。

2. 实训设备要求

准备多部智能手机、充电宝（智能手机、充电宝有充足的电量），以及配送车辆、头盔、配送箱。

二、操作步骤

1. 客户失联

步骤 1：上报异常。

（1）在“订单详情”页点击“遇到问题”，如图 3–17 所示。

（2）选择“联系不上客户”后，需要在客户地址处点击“上报异常”，如图 3–18 所示。

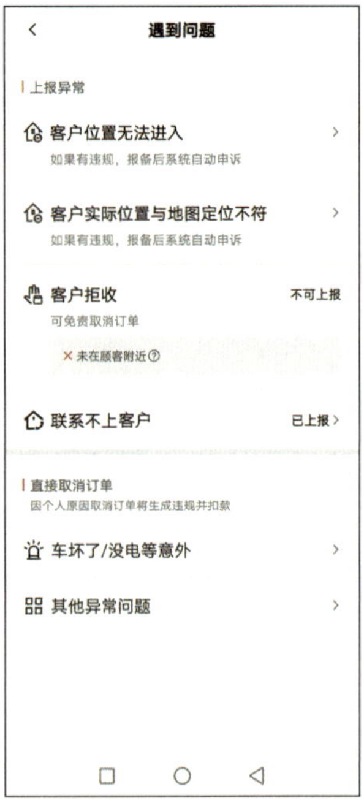

图 3–17　遇到问题

图 3–18　上报异常

（3）到达送餐地址附近后，联系客户失败，查看是否有备用号码，并尝试用备用号码进行联系，如图 3–19 所示。

图 3–19　用备用号码联系客户

（4）多种方法均无法联系到客户后，确认上报异常，系统会拨打客户电话验证 3 ~ 5 min，如图 3–20 所示。

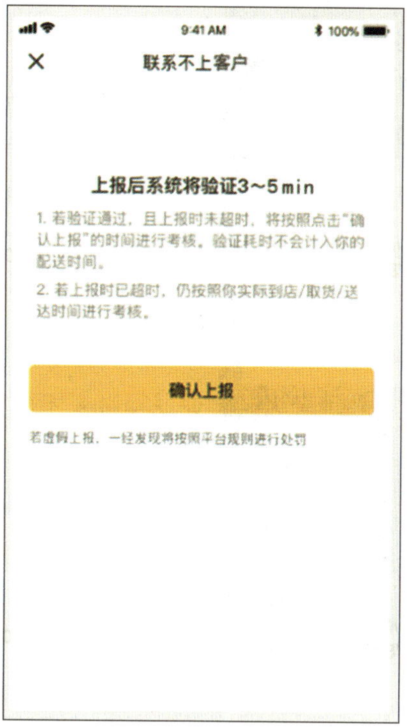

图 3–20　系统验证

步骤 2：上报异常成功后继续配送其他物品。

步骤 3：如果客户要求二次配送，系统重新计算配送时间，按新时间考核配送员。

上报异常后，注意在“订单详情”页，若客户发起二次配送，需要重新与客户取得联系且完成配送，操作步骤如下：

（1）报备成功后，客户会收到提示，并有“发起二次配送”的按钮。

（2）客户联系配送员，配送员引导客户发起二次配送。

（3）客户发起二次配送后，系统会自动延长配送时间，配送员按新的配送时间完成配送，如图 3–21 所示。

步骤 4：如果客户没有要求再次配送，需要将餐品归还商家。

（1）配送员需要在取消订单后 2 h 内将餐品归还商家，并在系统上提交相应的餐品照片。次日 24 点前审核通过后，系统直接下发配送费给配送员。

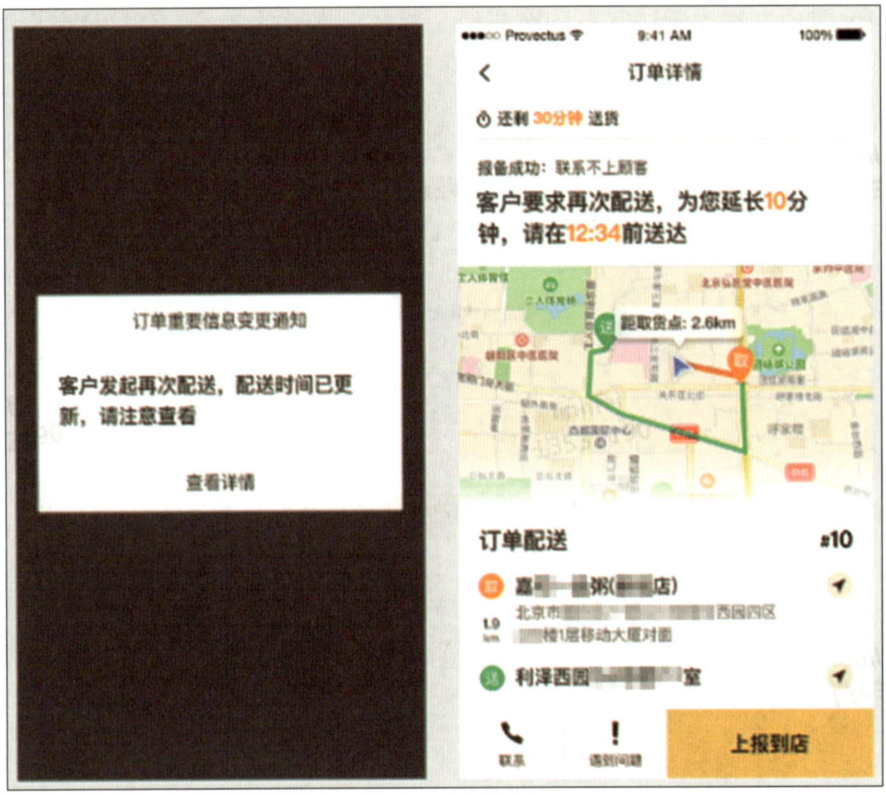

图 3–21　二次配送

（2）配送员务必在取消订单后 2 h 内返餐，超过 2 h，“上传凭证”按钮置灰，视为配送员未返餐，不会下发配送费。

（3）配送员取消订单后，未在规定的 2 h 内返餐及超时返餐的，餐损均由配送员承担。

步骤 5：照片上传后 48 h 内审核完毕，审核通过后系统自动发放配送费。

2. 客户位置无法进入

步骤 1：在“订单详情”页点击“遇到问题”。

步骤 2：选择“客户位置无法进入”，如图 3–22 所示。

步骤 3：客户同意出来取餐，选择“请继续完成配送”，如图 3–23 所示。

步骤 4：客户坚决不出来取餐，可选择“取消订单”，如图 3–24、图 3–25 所示。

3. 客户修改配送地址

步骤 1：新地址在原地址 3 km 内。引导客户在 App 上修改地址，地址修改完毕后，需要继续进行配送，系统会自动延长配送时间，如图 3–26 所示。

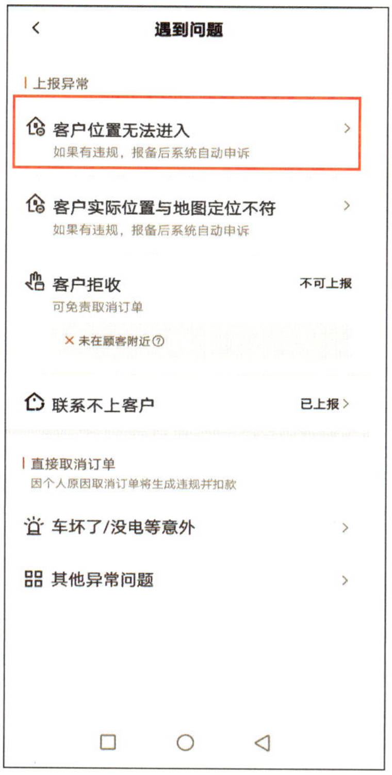

图 3–22 选择“客户位置无法进入”

图 3–23 继续配送

图 3–24 确认说明

图 3–25 取消订单

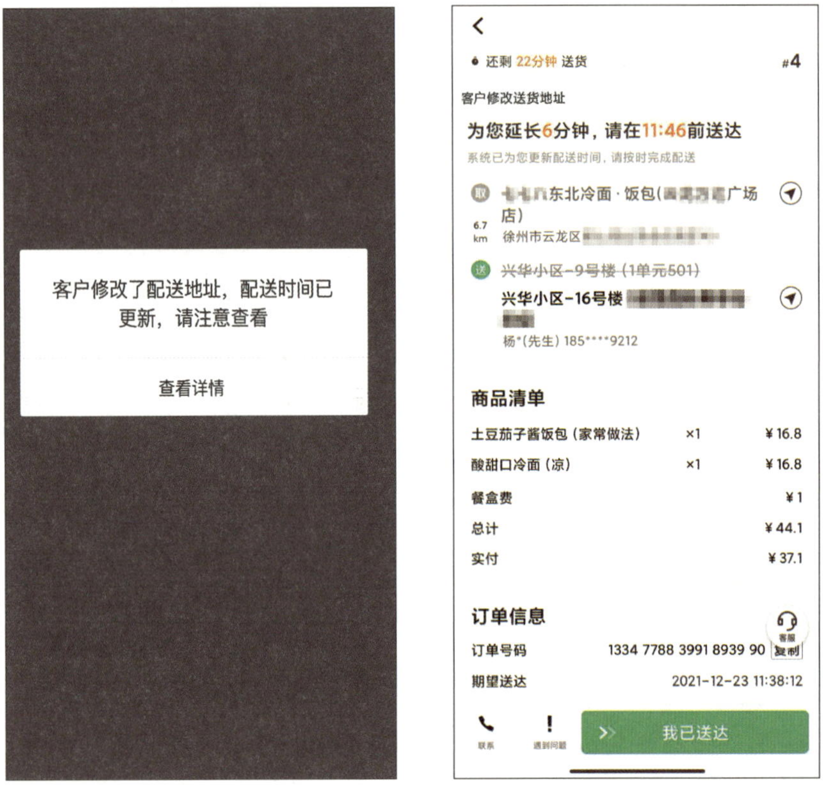

图 3–26　3 km 内继续配送

步骤 2：新地址与原地址距离大于 3 km。需要在“订单详情”页上报异常，上报成功后无责取消订单，联系客服申诉补款，如图 3–27 所示。

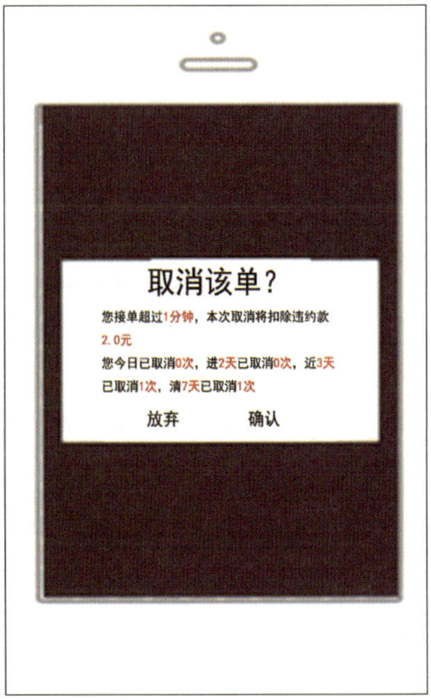

图 3–27　上报

4. 客户定位错误

步骤 1：联系客户确认实际地址，并确认是否可以继续配送，如图 3–28 所示。

步骤 2：选择继续配送。告知客户实际情况，请客户耐心等待；因此产生的订单扣款，在“我的罚单”中进行申诉，选择“送达时定位出错”。

步骤 3：选择取消订单。将餐品归还商家，因此产生的订单扣款，事后可以联系客服进行申诉，如图 3–29 所示。

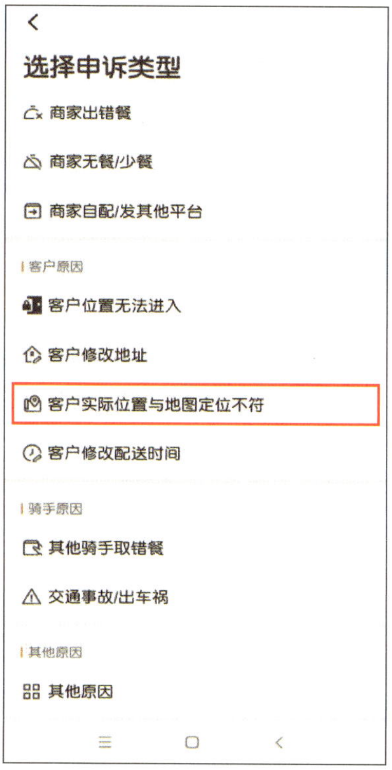

图 3-28 客户定位错误

图 3-29 取消订单并申诉补款

培训项目 3
应急处理

培训单元 1　应急准备

培训重点

1. 了解应急准备的相关知识。
2. 掌握应急准备的流程与步骤。

知识要求

一、应急处理的含义

应急处理是指为了降低突发事件的危害，基于对造成突发事件的原因、突发事件发生发展的过程，以及所产生的负面影响的科学分析，有效地集成社会各方面的资源，运用现代技术手段和现代管理方法，对突发事件进行有效的监测、应对、控制和处理。

二、应急处理的原则

1. 预防为主，防救结合

应急处理要以预防为第一要务，实现预防与救援相结合，因为任何成功的救援也难以完全消除突发事件的全部影响。

2. 以人为本，生命第一

应急处理要凸显以人为核心的理念，将人的生命安全置于至高无上的地位，要先救人后救物，因为人的生命高于一切，是不可复制的。

3. 依据科学，快速响应

应急处理要以科学理念为指导，以科学技术为支撑，采用科学的方法，做出快速响应，进行高效处理。

4. 社会动员，全民参与

应急处理要发挥政府的主导作用，有效地动员企业及社会的人力、物力和财力，形成应对突发事件的合力。同时，增强全民的公共安全和风险防范意识，提高全社会的避险救助能力。

5. 军民结合，平战结合

应急处理要发挥中国人民解放军、中国人民武装警察部队和民兵预备役的骨干作用，使其平时服务、急时应急、战时应战。

6. 安全效益与经济效益兼顾

在应急处理中，要以较小的经济成本，实现最大的公共安全效益。因为应急资金来自公民纳税，“不惜一切代价”的说法是值得商榷的。既要避免响应不足，也要防止响应过度。

7. 信息公开，引导舆论

在应急处理中，要满足社会公众的知情权，做到信息透明、信息公开，但是，涉及国家机密、商业机密和个人隐私的信息除外。不仅如此，在应急处理中还要积极地对舆情进行监控，了解社会公众的所思、所想、所愿，同时对舆情进行有效的引导。

技能操作

技能　应急准备

一、操作准备

1. 实训场所要求

实训场所应具备教师演示和学员练习两种功能，如人员流动性小，能够遮风挡雨，并且比较安静的场所。

2. 实训设备要求

准备多部智能手机、充电宝（智能手机、充电宝有充足的电量），以及配送车辆、头盔、配送箱等。

二、操作步骤

1. 其他配送员取错餐

配送员到达商家后，商家反馈餐品被其他配送员取走，商家也无法再出一份餐。

步骤 1：联系客服。

步骤 2：上报异常。

步骤 3：上传配送员与商家的聊天记录，证明餐品已被其他配送员取走。

2. 餐品丢失、包装损毁、洒漏

步骤 1：联系客服。

步骤 2：上报异常。

步骤 3：上传配送员与客户的聊天记录，证明客户的餐品丢失、包装损毁、洒漏。

3. 客户不方便取餐

步骤 1：电话联系客户，如客户立即出来取餐，需要将餐品交到客户手中后再点击“我已送达”。

步骤 2：如客户要求将餐品放到指定位置，按要求放置后，拍照并将照片发送给客户，提醒其尽快取餐，避免丢餐纠纷。

4. 配送到医院、学校等环境较复杂，人员较密集的地方

步骤 1：到达客户处，停车下车上锁。注意配送车辆不要挡在大门口，不要停在盲道上。

步骤 2：检验餐品有无明显洒漏，核实订单信息，确认无误后取出餐品。

步骤 3：电话联系客户取餐，或前往和客户约好的地址（如地址不清晰，可电话联系）。

5. 配送车辆无法正常行驶 / 没电

步骤 1：联系客户 / 商家进行沟通、解释。

步骤 2：联系站长，详细描述事情经过。

步骤 3：由此产生的损失由配送员个人承担。

培训单元 2　突发事件的处理

培训重点

1. 了解突发事件处理的相关知识。
2. 掌握突发事件处理的流程与步骤。

知识要求

一、突发事件的含义

突发事件是指突然发生的危及人的生命、财产安全及社会治安秩序而需要紧急处理的事件。

二、突发事件的处理方法

对突发事件和客户投诉能灵活应变，巧妙使用沟通技巧，先安抚客户情绪，处理不了时，及时汇报。

三、突发事件的处理流程

联系客服→上报异常情况→报案→取证、拍照→上报系统。

四、突发事件的处理原则

1. 沉着、冷静

遇到紧急情况，要保持沉着的心态、清醒的头脑，切勿惊慌失措。在瞬间做出正确判断，采取果断措施是避险的先决条件。

2. 重减速、轻方向

遇到紧急情况，首先应采取的措施是减速。只有当减速后仍然不可避免地要相撞时，才采取打方向避让的措施。高速时直接打方向，尤其是急打方向，往往使本可避免的事故无法避免。

3. 先人后物，先人后己

当危及人员安全时，应优先考虑保护人员。当自车和他车有可能发生危险时，应为对方提供便利的避让措施，把危险的避让措施留给自己。

4. 避重就轻，减少损失

在危急关头，如何能避免重大事故、重大损失，就如何处置，以减少事故损失。

技能操作

技能　处理突发事件

一、操作准备

1. 实训场所要求

实训场所应具备教师演示和学员练习两种功能，如人员流动性小，能够遮风挡雨，并且比较安静的场所。

2. 实训设备要求

准备多部智能手机、充电宝（智能手机、充电宝有充足的电量），以及配送车辆、头盔、配送箱等。

二、操作步骤

1. 遇到交通管制的处理措施

步骤 1：联系站长反馈交通管制的问题，然后联系客服进行说明。

步骤 2：上传道路交通管制的相关照片，照片上要有配送员的正脸照。

2. 配送车辆发生交通事故的处理措施

步骤 1：留在现场。保持冷静、不逃离。

步骤 2：报警。拨打 122 报警，说明事故发生的时间、地点、经过，车辆、人员信息，伤亡情况等；拨打 120 救治伤员；保持电话联系。

步骤 3：联系站长。详细描述事故经过、人员信息、伤亡情况及目前地理位置。

步骤 4：保护现场。

（1）做好现场保护，避免二次事故。使用现场可利用物品在 50 ~ 100 m 外设置警示标志。

（2）保护现场不受破坏，不擅自挪动车辆。

（3）拍照 / 录像留存证据，如车牌号、碰撞位置、损伤情况、现场环境等。

步骤 5：配合调查。配合警方调查，实事求是，客观反馈，不隐瞒。

步骤 6：资料留存。留存交警开具的交通责任认定书、对方个人信息、医疗诊断证明、缴费凭证等。

步骤 7：保险理赔。死亡事故立即报险；其他事故 24 h 内报险。

3. 配送员发生人身伤害时的应急措施

步骤 1：寻求救治。保持冷静，拨打 120 寻求救治；保护现场，不擅自挪动车辆；不与对方过多纠缠。

步骤 2：留存证据。拍照、录像留存证据，拍摄对方车牌号、对方相貌特征、现场概览情况、环境照片等。

步骤 3：报警。拨打 122 报警，说明事故发生的时间、地点、经过，车辆、人员信息，伤亡情况等；保持电话联系。

步骤 4：联系站长。详细描述事故经过、人员信息、伤亡情况及目前地理位置；请站长前来协助处理事故。

步骤 5：配合调查。配合警方调查，实事求是，客观反馈，不隐瞒。

步骤 6：配合治疗。配合医生检查及治疗，要求在病例及诊断证明上详细写明创伤类型，创口长度和面积。

步骤 7：资料留存。留存交警开具的交通责任认定书、对方个人信息、医疗诊断证明、缴费凭证等。

步骤 8：保险理赔。请站长协助报险。

培训模块 四
客户服务与维护

培训项目 1　客户服务
培训项目 2　客户维护

培训项目 1 客户服务

培训单元 1　主动沟通

培训重点

1. 了解主动沟通的相关知识。
2. 掌握不同场景下主动沟通的流程与步骤。

知识要求

一、文明礼貌用语规范和行为规范

1. 在商家的用语规范

进入商家："您好，我是 ×× 配送员，来取餐。"

催餐："您好，请帮我催一下餐，客户的用餐时间快到了，谢谢！"

验餐：清点餐品的同时如果客户有特殊需求，要礼貌地索要。"您好，客户想多要一包番茄酱，麻烦您多给我一份，非常感谢！"

出餐慢：若出现出餐慢现象（20 min 以上），应致电客户，表示歉意。"您好，我是 ×× 配送员，您点的餐因餐厅出餐速度慢，会延迟 ××min 送达，不好意思请您多等一下。"

离开商家："谢谢您的配合，再见！"

2. 在商家的行为规范

到达商家后，面带微笑与服务员礼貌打招呼“您好，我是 ×× 配送员，来取餐”；在等餐过程中，规范地站或坐，不大声说话；接电话时，出门接听；商家出餐后，务必当场验餐（包括食物、餐具、餐巾纸）。

3. 在配送途中的行为规范

在配送途中，务必佩戴好头盔，遵守交通法规，禁止闯红灯，注意交通安全。若路上抢单或打电话、发短信，必须靠路边停车。

4. 客户服务的用语规范

打电话通知客户取餐：“您好，×× 配送员！您订的餐已经到了，麻烦您来取一下，谢谢！”

见到客户：“您好，×× 配送员！请问是 ×× 先生 / 女士吗？这是您点的餐，很高兴给您送餐！”

验餐时：“您好，这是您的餐品，请您查收，给您报一下餐，一共 ×× 元。”

离开时：“祝您用餐愉快，欢迎您再次使用 ××，再见！”

5. 在客户处的行为规范

到达客户楼下时，停车上锁。

与客户见面时，主动迎上去，面带微笑打招呼“您好，×× 配送员”。若送迟了，主动先行道歉“十分抱歉，给您送迟了，不好意思啊”，并双手递上餐品。

客户拿到餐品后，主动提醒客户验餐。客户验餐过程中，不允许抖腿或做抓头、搓手等小动作。

当无法回答客户的问题时，不可信口开河，应跟客户有礼貌地说：“实在不好意思，这个问题我不是很清楚，您可以打电话给客服，她们会给您合理的解释。”

二、在主动沟通中使用标准服务用语的重要性

1. 随着配送业务的不断发展，订单已经不仅仅限于外卖。无论订单种类怎样变化，把订单送到客户手中的是配送员，所以利用“×× 配送员”自报家门更符合实际情况和业务特点。

2. 随着客户对配送业务使用频次的增多，经常会遇到一个客户有多个订单的情况。若一个客户有不同类型的订单或者不同平台的订单，配送员应该提醒客户所配送的订单类型是什么，以便客户做出更合理的安排。

3. 标准服务用语可以帮助配送员用最简单的话表达沟通的要点，可以提高沟

通效率，并能提升客户的体验感受。

技能操作

技能 主动沟通

一、操作准备

1. 实训场所要求

实训场所应具备教师演示和学员练习两种功能，如人员流动性小，能够遮风挡雨，并且比较安静的场所。

2. 实训设备要求

准备多部智能手机、充电宝（智能手机、充电宝有充足的电量），以及配送车辆、头盔、配送箱等。

二、操作步骤

步骤 1：在配送过程中，与商家、客户沟通或接听电话时，要使用“请”“请问”“谢谢”“对不起”“您好”“麻烦您”等礼貌用语。

步骤 2：言谈应诚恳庄重，声调适度，不可油腔滑调。

步骤 3：商谈工作、接电话、打电话等要注意场合和环境，不要动作过大或声音过响，妨碍他人。

步骤 4：在通道、走廊走动时，要放轻脚步；遇到老人要礼让，不能抢行。

步骤 5：按门铃时，按两三下，停顿 5 s，再按两三下；敲门时，敲 3 下，停顿 5 s，再敲 3 下。

步骤 6：递交餐品或物品时，向前倾身 15°，双手递给客户。

培训单元 2　个性化服务

培训重点

1. 了解个性化服务的相关知识。
2. 掌握不同场景下的个性化服务流程与步骤。

知识要求

一、个性化服务的含义

个性化服务是指以客户需求为中心，在满足客户共性需求的基础上，针对客户的个性特点和特殊需求，主动积极地为客户提供差异性的服务，以便让接受服务的客户有一种满足感，从而留下深刻的印象，提高客户的忠诚度，使客户成为回头客。

二、个性化服务的作用

1. 有利于增强配送公司的竞争力。
2. 有利于提高经济效益。
3. 有利于培养客户的忠诚度，取得竞争优势。
4. 有利于寻找新机会。
5. 有利于树立配送公司的良好形象。

三、个性化服务的基本要求

1. 要有良好的规范服务作为前提和基础。个性化服务必须以规范服务为前提和依托，如果只停留在规范服务，不向个性服务发展，配送行业的水准就难以上一个新台阶。

2. 配送员能换位思考。配送员除了有较高的专业技能和职业道德外，还要有很强的心理承受能力、分析判断能力、应急处置能力等，特别是站在客户的立场上进行“换位思考”，了解、理解、体贴客户。

3. 逐步建立适应个性化服务要求的规范。

四、做好个性化服务，配送员应具备的条件

1. 用心预测需求和观察客户，在观察中做好个性化服务。
2. 站在客户的角度思考问题。
3. 能发现客户的不同需求，针对不同客户提供个性化服务。

五、标准服务用语

1. 商家出餐慢

（1）商家沟通

问候：“您好，我是 ×× 配送员。”

询问催餐：“请帮我催一下 ×× 号餐，客户的预期送达时间快到了。”

感谢：“谢谢！”

（2）客户沟通

说明情况：“您好，我是 ×× 配送员，实在不好意思，我现在在 ×× 餐厅。餐厅外卖订单集中，出餐时间要延误 ×× 分钟，您能否多等待几分钟？”

客户取消订单：“好的，不好意思耽误您用餐了，欢迎您再次使用 ×× 外卖。”同时告知商家取消备餐。

客户等待订单：“好的，不好意思耽误您时间了，我取到餐后马上给您送去，请您保持电话畅通。”

2. 客户点的餐品商家缺货

联系客户：“您好，我是 ×× 配送员，实在不好意思，您预订的 ×× 餐品商家已经卖完了，您是取消这个订单重新点餐，还是我给您报几个同等价位的餐品，您看有没有中意的，我给您换一个？”

客户取消订单：“好的，不好意思耽误您用餐了，欢迎您再次使用 ×× 外卖。”

客户接受调换：“那我给您换成 ××，这边做好了，我马上给您送过去，请您保持电话畅通，谢谢！”

3. 帮买环节

（1）您好，×× 跑腿（快递）为您服务。

（2）请问您要购买的是 ×× 吗?（根据客户下单描述内容进行确认）

（3）（如果下单有商家）请问指定购买的商家是 ×× 吗?

（4）（如果没有指定商家）我准备去 ×× 地方买是否可以?

（5）您知道大概多少钱吗?

（6）到店后，是否需要跟您再次确认价格再买?

（7）您的收货地址是 ×× 吗?

（8）（根据订单预计送达时间）您这个订单预计送达时间是 ××，我会尽快送到，谢谢您。

4. 客户实际位置与地图定位不符

您好，我是 ×× 配送员，实在不好意思，您的实际位置与地图定位不符，麻烦您告知我具体位置，我马上给您送过去，谢谢。

5. 客户位置无法进入

您好，我是 ×× 配送员，实在不好意思，我进不去您的小区，您看您是现在到小区门口取，还是我给您放到指定位置?

培训项目 2 客户维护

培训单元 1 客户特点的分析

培训重点

1. 了解客户特点的相关知识。
2. 掌握不同场景下主动沟通的流程与步骤。

知识要求

一、客户分析的含义

客户分析是指根据各种关于客户的信息和数据了解客户的需要，分析客户的特点，评估客户的价值，从而为客户制订相应的营销策略与资源配置计划。

二、客户特点的分析

1. 客户行为习惯分析

根据客户的购买记录识别客户的行为习惯，主要用于对客户进行分类。

2. 客户对产品意见分析

根据客户对各种产品所提出的意见，以及新产品或服务推出时客户的不同态度来确定客户对新事物的接受程度。

技能操作

技能　拜访客户

一、操作准备

1. 实训场所要求

实训场所应具备教师演示和学员练习两种功能，如人员流动性小，能够遮风挡雨，并且比较安静的场所。

2. 实训设备要求

准备多部智能手机、充电宝（智能手机、充电宝有充足的电量），以及配送车辆、头盔、配送箱等。

二、操作步骤

步骤 1：拜访准备。

前提背景：新项目、新客户，对需要拜访的客户不了解，甚至不知道对方名字和公司背景。

信息准备：收集客户信息。客户信息包括公司信息和负责人信息。公司信息包括公司概况、主营业务、运行情况、广告发布情况等。负责人为广告业务的建议者或决策者，获得负责人的认可能极大提高业务成功率。负责人信息包括负责人的姓名、性别、职务、职责范围、个人爱好或忌讳等，最低限度须了解到其姓氏和联系方式，为下一步工作做准备。

资料准备：准备拜访的资料。资料包括个人名片、推荐资料、公司资料、笔、笔记本等，确保数量充足。

个人准备：注意个人形象，整体给人整洁、清爽的感觉。出发前准备好介绍说辞，保证在推荐过程中不结巴、不卡壳，在解释疑问过程中对答如流。

步骤 2：预约客户。

前提背景：预约客户前，需对客户有初步的了解或接触。有客户的联系方式可进行电话预约拜访，若无，则直接登门拜访。

若之前无任何联系：“您好，是 ×× 经理吗？您好，我这边是 ×× 公司的，冒昧打扰您，我们是一家专门 ×× 的公司，打电话给您是想去拜访您一下，不知道您下午在不在办公室。”（注意：限定对方时间，突出“下午”）

回答在办公室：“好的，那我下午一点钟左右到您办公室，您看方便吧？”

回答不在或说下午没时间：“这样啊，既然您不在，那明天不知道您什么时候有时间？”（注意：一定要限定时间，问明天或者后天有没有时间，而不是问“您什么时候有时间”，将其考虑时间限制在明后两天，实在没时间再另找机会）

约定时间后：“好的，那我在 ×× 时去拜访您，您先忙。”挂断电话。

步骤 3：登门拜访。

前提背景：已经完成客户预约或者没有客户联系方式而直接登门拜访。

有预约且有前台的情况下：“你好，我是 ×× 公司的，跟你们 ×× 经理约好了，不知道他在哪个办公室？”（直接问办公室显得强势，潜台词就是约定好了，你不要再拦着我，若还有疑问则说明来意）

若无预约被拦下来：“你好，我是 ×× 公司的，来拜访一下你们营销部经理，不知道他在不在办公室？”（直接说明来意，获得对方信任）

有预约到经理办公室后：“×× 经理，您好！我是昨天跟您预约的，×× 公司的。”

进门后，双手正面递出名片：“这是我的名片，昨天电话里也没跟您提到我的名字，我姓 ×，您可以叫我小 ×。”（注意：给对方一点看名片的时间，了解一下基本情况，此时可以简单观察一下办公室的格局，以便进一步了解，并投其所好）

说明来意：“这次来主要是拜访您，跟您这边认识一下。”（后面可以自由发挥，聊公司情况或跟其公司有关的一些话题，尽量多了解其公司情况和业务情况）

未预约到经理办公室后：“经理您好，我是 ×× 公司的，是一家专门做 ×× 的公司，冒昧地来拜访您一下。”（后面接前面递名片部分）

步骤 4：业务洽谈。

前提背景：登门与对方初步接触后，在适当时机推荐自己的产品。

递出推荐资料：“×× 经理，您好！”（接下来是关于公司的项目介绍，在此就不再赘述）

步骤 5：业务完成。

前提背景：完成推荐资料解说，没有实质性内容或冷场无话可说时。

告辞：“×× 经理，这个资料您先看一下，您也挺忙的，打扰您这么长时间也挺不好意思的，我就先回去了，如果资料有什么不明确的地方，您随时打电话给我。”（起身准备离开，有必要的时候可与对方握手）“那我先走，下次我再过来拜

访您。”（留下伏笔，为下次拜访做准备）

步骤 6：客户维系。

前提背景：在完成拜访后，及时按公司要求完成客户资料记录卡。

客户维系工作可通过电话或直接上门拜访进行。

培训单元 2　客户关系的维护

培训重点

1. 了解客户关系维护的相关知识。
2. 掌握与商家维持关系的流程与步骤。

知识要求

一、客户关系的含义

客户关系是指企业为实现其经营目标，主动与客户建立起的某种联系。这种联系可能是单纯的交易关系，可能是通信联系，也可能是为客户提供一种特殊的接触机会，还可能是为双方利益而形成某种买卖合同或联盟关系。

客户关系具有多样性、差异性、持续性、竞争性、双赢性的特征。它不仅可以为交易提供方便，节约交易成本，也可以为企业深入理解客户的需求和交流信息提供许多机会。

二、客户关系的类型

1. 买卖关系

一些企业与客户之间的关系维持在买卖关系，客户将企业作为一个普通的卖主，销售仅仅被认为是一次公平交易，交易目的简单。企业与客户之间只有低层次的人员接触，企业知名度低，双方较少进行交易以外的沟通，客户信息极为有限。

客户只是购买企业按其自身标准所生产的产品，维护关系的成本与关系创造的价值极低。无论是企业损失客户还是客户丧失这一供货渠道，对双方业务并无太大影响。

2. 优先选择关系

企业与客户的关系可以发展成为优先选择关系。处于此种关系的企业，销售团队与客户企业中的许多关键人物都有良好的关系，企业可以获得许多优先的甚至独占的机会，与客户之间信息的共享得到扩大，在同等条件下乃至竞争对手有一定优势的情况下，客户对企业仍有偏爱。

在此关系中，企业需要投入较多的资源维护客户关系，主要包括给予重点客户销售优惠政策，优先考虑其交付需求，加强双方人员交流等。此阶段关系价值的创造主要局限于双方接触障碍的消除、交易成本的下降等“降成本”方面，企业对客户信息的利用主要表现在战术层面，企业通对客户让渡部分价值来达到交易长期化的目的，可以说是一种通过向客户倾斜价值来换取长期价值的模式，是一种“不平等”关系。客户由于优惠、关系友好而不愿意离开企业，但离开企业并不影响其竞争能力，关系的核心是价值在企业与客户之间的分配比例和分配方式。

3. 合作伙伴

当双方的关系存在于企业的最高管理者之间，企业与客户交易长期化，双方就产品与服务达成认知上的高度一致时，双方进入合作伙伴阶段。

在这个阶段，企业深刻地了解客户的需求并进行客户导向的投资，双方人员共同探讨行动计划，企业对竞争对手形成了很高的进入壁垒。客户将这一关系视为垂直整合的关系，客户企业的成员承认两个企业间的特殊关系，他们认识到企业的产品和服务对他们的意义，有着很强的忠诚度。在此关系中，价值由双方共同创造，共同分享，企业成功地区别于竞争对手，为赢得竞争优势发挥重要作用。双方对关系的背弃均要付出巨大代价。企业对客户信息的利用表现在战略层面，关系的核心由价值的分配转变为新价值的创造。

4. 战略联盟

战略联盟是指双方有着正式或非正式的联盟关系，双方的目标和愿景高度一致，双方可能有相互的股权关系或成立合资企业。两个企业通过共同安排争取更大的市场份额与利润，竞争对手进入这一领域存在极大的难度。现代企业的竞争不再是企业与企业之间的竞争，而是一个供应链体系与另一个供应链体系之间的竞争，企业与客户之间的关系是“内部关系外部化”的体现。

三、客户关系的维护

1. 明确目标、责任和期望

明确沟通的一个重要因素是项目每一步骤的目标都符合客户的期望，并明确负责人。项目开始时应拟定一份清晰的计划，阐明最终目标和执行步骤。因此，所有的期望都要白纸黑字写出来，明确目标并分配好责任。

2. 明确沟通

和客户之间的明确沟通从合作开始时就至关重要。与客户多沟通永远比少沟通要好，缺乏沟通会导致客户种种的误解和不满。每次口头交流后，应通过书面文档或电子邮件来确认讨论和具体执行的步骤，以保证所有沟通都有记录。

3. 设置项目阶段

将项目按阶段进行细分，并设置阶段性计划，从而设计出通往成功的路线图，并可以让团队在必要时进行策略调整。同时，项目阶段的设计还可以向客户展示你正努力朝着目标奋进。通过各个阶段的沟通，客户会更加满意你的工作。

4. 事前沟通增加的费用

在项目的某个阶段，通过评估，你也许会决定进行一些合理的微调。通常情况下，这些微调都涉及价格的改变。关于任何成本的增加，一定要跟客户明确地沟通，获得批准后，再继续进行下一步工作。一张预算外的账单会破坏良好的客户关系。

5. 与客户价值观保持一致

在价值观上同客户保持一致，可以与客户保持愉快的长久合作关系。当你的价值观与客户保持一致时，客户更倾向于相信你的判断，并看重你审视的角度及解决问题的方式。

6. 积极主动反馈，但不要过快反应

不要对客户的问题马上做出反应，相反，应当慎重考虑，权衡利弊并深思熟虑后做出回应。下意识情绪化的反馈可能会适得其反。客户更乐意看到你彻底了解情况后，并认真考虑应对策略，再实施并解决问题。

7. 持续跟进客户

项目完成后，要跟进客户或者总结一下哪些方面是成功的，以及哪些方面是

下次能够改善的。定期跟进客户，可以确保策略和项目成果长期有效。优秀的客户服务不只是按时按预算完成一个项目而已，还在于维护良好的长期客户关系。

四、与商家沟通的流程

确认目标人群→询问开场白→说明来意→根据商家现状和需求引导介绍→促成交易→签约

技能操作

技能 维护商家关系

一、操作准备

1. 实训场所要求

实训场所应具备教师演示和学员练习两种功能，如人员流动性小，能够遮风挡雨，并且比较安静的场所。

2. 实训设备要求

准备多部智能手机、充电宝（智能手机、充电宝有充足的电量），以及配送车辆、头盔、配送箱等。

二、操作步骤

步骤 1：建立自己的商家资料数据库。

步骤 2：做好商家分类。

步骤 3：选择合适的时间联系商家。

步骤 4：帮商家赢取利益。

步骤 5：定时总结分析。

步骤 6：做好售后维护。

步骤 7：不要停止联系。

培训模块 五 安全与质量管理

培训项目 1　公共安全防护

培训项目 2　管理安全防护

培训项目 1 公共安全防护

培训单元 1 配送员遵纪守法的基本要求

培训重点

1. 了解配送员工作中需避免的违法犯罪行为。
2. 掌握配送员遵纪守法规范。

知识要求

一、配送员需避免的违法犯罪行为

遵纪守法是每个公民应尽的社会责任和道德义务。纪律是指一定社会组织要求成员共同遵守的行为准则。凡是有人群的地方就会有集体活动，而有集体活动就需要有纪律约束。社会越发展，越需要纪律。法，即法律，具有“公平”“正直”“准绳”“规矩”“尺度”等含义。知法、懂法、守法、用法是任何活动的底线，配送员要加强法律意识，做一名遵纪守法的优秀配送员。

配送员在工作中需要重点关注，避免以下违法犯罪行为。

1. 妨害公务罪

遇到警察执法时，拒不听从指挥，就属于妨害公务罪。情节较轻的会处拘役、罚金，情节严重的判处 3 年以下有期徒刑。

2. 袭警罪

暴力袭击正在依法执行职务的人民警察的，处3年以下有期徒刑、拘役或者管制；使用枪支、管制刀具，或者以驾驶机动车撞击等手段，严重危及其人身安全的，处3年以上7年以下有期徒刑。

3. 非法侵占罪

公司、企业或者其他单位的人员，利用职务上的便利，将本单位财物非法占为己有，数额较大的，处5年以下有期徒刑或者拘役：数额巨大的，处5年以上有期徒刑，可以并处没收财产。

4. 故意伤害罪

故意伤害他人身体的，处3年以下有期徒刑、拘役或者管制；致人重伤的，处3年以上10年以下有期徒刑；致人死亡或者以特别残忍手段致人重伤造成严重残疾的，处10年以上有期徒刑、无期徒刑或者死刑。

5. 敲诈勒索罪

敲诈勒索公私财物，数额较大或者多次敲诈勒索的，处3年以下有期徒刑、拘役或者管制，并处或者单处罚金；数额巨大或者有其他严重情节的，处3年以上10年以下有期徒刑，并处罚金；数额特别巨大或者有其他特别严重情节的，处10年以上有期徒刑，并处罚金。

二、配送员遵纪守法规范

1. 避免冲突

如果客户因送餐慢等原因发怒，态度不好，不要与客户争辩，应诚恳解释原因，真诚道歉，希望客户谅解，从而化解冲突。遇到商家出餐较慢，配送员应使用文明礼貌用语与商家沟通，不能暴力催促商家，避免打架斗殴等违法行为。

2. 遵守规则

配送物品时，如果遇到客户所在单位或住宅小区不允许进入，应遵守对方的规则，拨打电话请客户到门口领取物品。

3. 配合检查

在配送途中，遇到警察执法时，配送员应及时出示相关证件，积极配合检查，不可侥幸逃避。

4. 及时报警

在配送过程中遇到各种纠纷时，及时向站长或“配送员热线”进行反馈，情节严重的冲突事件，可直接拨打 110 报警电话寻求帮助。

培训单元 2　防御性驾驶的技巧

培训重点

1. 了解防御性驾驶的概念。
2. 掌握防御性驾驶的技巧。

知识要求

驾驶员在驾驶过程中，能够准确地预见由其他驾驶员、行人、不良天气或路况而引发的危险，并能及时采取必要、合理、有效的措施防止事故的发生，这种可避免交通事故发生的驾驶方式即为防御性驾驶。

防御性驾驶的三个步骤：辨别危险，预测风险，采取行动。

技能操作

技能　防御性驾驶的技巧

一、操作准备

1. 实训场所要求

实训场所应具备教师演示和学员练习两种功能，如人员流动性小，能够遮风挡雨，并且比较安静的场所。

2. 实训设备要求

准备模拟驾驶所需的车辆设备。

二、操作步骤

步骤 1：行车前准备。

（1）出行前需要提前确认天气情况，建议在雨、雪、雾等天气条件下尽量使用公共交通工具出行。如果一定要使用电动车出行，需遵守以下规定。

1）出行前检查车辆状况，确认无故障点出现。

2）根据不同的天气情况穿戴好相应的防护用品。

3）保持较低的行驶速度。

（2）出行前需确认路径规划，根据电瓶容量或油箱油量计算好行驶路程，避免因电量 / 油量耗尽而带来不必要的麻烦。

步骤 2：行车守则。

（1）保持安全车距。在非机动车道行驶的两轮车应与前车保持安全的行车距离，一般来说正常行驶的两轮车需要保持 2 ~ 5 m 的跟车距离。跟车距离由当时的路况和车速决定，车速快的情况下，要加大跟车距离。行车时，要避免跟车太近来不及刹车而导致事故。

（2）合理控制车速。电动自行车车速不大于 25 km/h，电动轻便摩托车车速不大于 50 km/h，摩托车根据道路限速要求行驶，高速公路上车速在 60 ~ 80 km/h。

超速行驶遇到危险时，往往会刹不住车，所以驾驶电动车时，必须把车速控制在规定的限速范围内。当遇到雨、雪、雾天气，或者地面湿滑、不平整的时候，行驶速度过快极易造成安全事故。遇到颠簸、陡峭、湿滑等特殊路况，还需要根据路况合理控制车速。

步骤 3：识别机动车盲区与内轮差风险。行驶的机动车因为自身结构特点存在较多视觉盲区，处在视觉盲区的两轮车无法被驾驶员观测到，如图 5–1 所示。

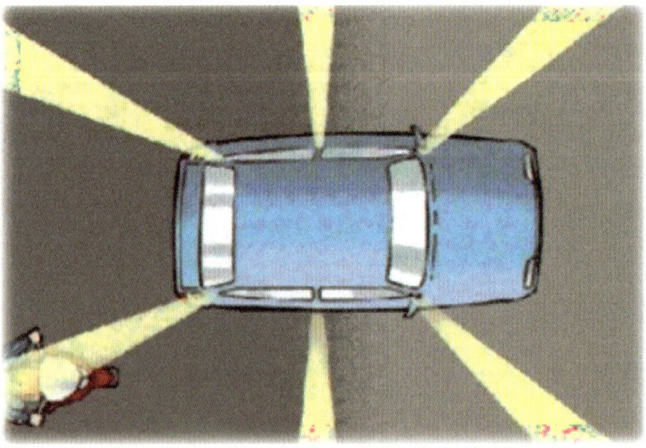

图 5–1　机动车盲区

（1）A 柱盲区。机动车前挡风玻璃两侧各有一根柱子，驾驶员的视线被两根柱子遮挡就产生了 A 柱盲区。处在 A 柱盲区的两轮车无法被驾驶员看见，所以风险较高，如图 5–2 所示。

当两轮车驾驶员无法看清机动车驾驶员的脸部时，可能已处于机动车 A 柱盲区中，此时应立即使用喇叭、灯光等信号，引起机动车驾驶员注意，示意自己的存在。

（2）反光镜盲区。在机动车的侧后方由于反光镜的缺陷会产生反光镜盲区，如图 5–3 所示。两轮车行驶在这个盲区时，容易被汽车驾驶员忽视，当自己或对方的视线被遮挡时，应主动使用灯光、喇叭等信号示意，两轮车应避免长时间与机动车并行。

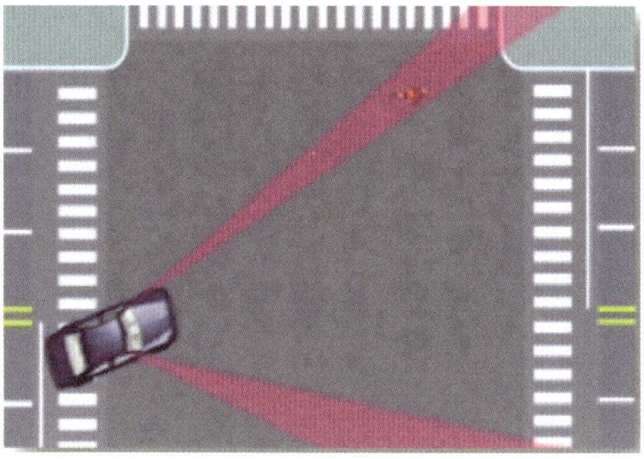

图 5–2 A 柱盲区

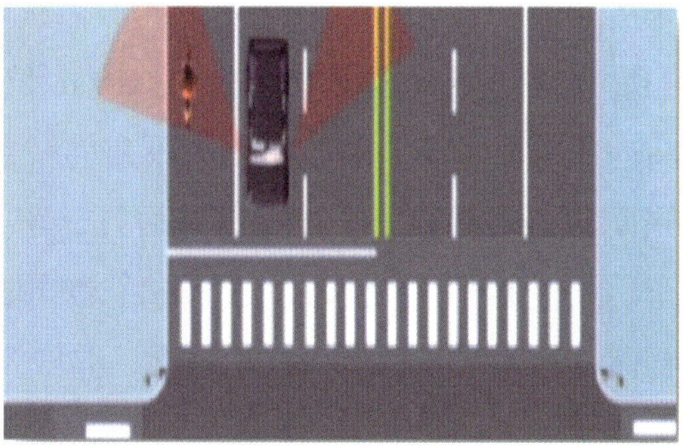

图 5–3 反光镜盲区

（3）内轮差盲区。所谓内轮差是车辆在转弯时，前内轮转弯半径与后内轮转弯半径之差，这个区域是驾驶员视线的盲区。卡车、货车等车身较长的大型车，车头转过去了，往往长车身还没有完全转过去，容易造成驾驶员误判。一般小车会产生接近 1 m 的内轮差，大车会产生多达 2 m 的内轮差。

两轮车违章停在停车线前，如图 5–4 所示。大车车头虽然安全开过，但是车后轮并未沿着车轮轨迹通过，而是画了一个更小半径的圆弧，直接碾压到了两轮车。所以，临停时不超过停车线尤为重要。

图 5–4 内轮差盲区

（4）超车盲区。无论是超越前车还是与对向的车辆会车，驾驶员往往看不清前车或来车的前后情况，特别是要超越公交车等大型车时，超车盲区更大。

（5）山路盲区。山路崎岖、狭窄，许多看似普通的转弯其实是连续的 S 形弯路，转弯处后方的位置是驾驶员的视线盲区。配送员在山路骑行转弯时要注意使用喇叭提醒处于盲区的机动车。

（6）光线盲区。驾驶员在出隧道时，因一时不适应光线的突然变亮，会眼前发黑，这时就会出现短暂的视觉盲区。夜间开车时，驾驶员的眼睛容易受到各种灯光的刺激，视力所及范围受限，也容易产生盲区。配送员夜间骑行要打开夜灯，遇到对面有车时要闪灯提醒。

步骤 4：规避大货车。大货车因为车身结构比较特殊，视觉的盲区要比普通轿车的盲区多得多。一般来说，大货车驾驶室内的主要视线范围是前方两侧夹角约 200° 的区域，以及三个后视镜所提供的侧后方 60° 左右的可视范围，有些大货车后厢体积较大，所以驾驶室内的后视镜是完全看不到后方情况的，只能靠两侧的后视镜观察。另外，有些超过 10 m 长的半挂车，车头和车身是分开的，所以在转向的时候，车头和车身往往不在同一条直线上，后视镜观察的角度发生了偏离，侧面的视线就会完全被挡住。而且，车身越长，盲区的范围越大。还有一些黄沙车、大型货车，高度超过了 3 m，这样的高度驾驶员看过去，往往只能看到较高的物体，行人或车辆如果过于靠近，非常容易发生危险。

培训项目 2 管理安全防护

培训单元 1 食品安全隐患的处理

培训重点

1. 了解造成外卖食品安全隐患的原因。
2. 掌握外卖食品安全隐患的处理方法。

知识要求

一、食品安全的含义

食品安全是指食品无毒、无害，符合应当有的营养要求，对人体健康不造成任何急性、亚急性或者慢性危害，且不存在任何掺假、掺杂或非法添加任何添加剂。食品安全包括以下含义。

1. 食品应当无毒无害。无毒无害是指正常人在正常食用的情况下摄入可食状态的食品，不会对人体造成危害。

2. 食品符合应当有的营养要求。营养要求不但应当包括人体代谢所需的蛋白质、脂肪、碳水化合物、维生素、矿物质等营养素的含量，还应包括该食品的消化吸收率和对人体维持正常的生理调节作用。

3. 对于人体健康不造成任何急性、亚急性或者慢性危害。

4. 不存在任何掺假、掺杂或者非法添加任何添加剂。即使这些掺假、掺杂物品或者添加剂对人体健康没有任何危害，法律未允许的添加剂都属于非法添加剂，该添加行为都要受到法律的处罚。

二、外卖食品的安全隐患

1. 生产环境带来的危害

国家对于外卖行业的监管力度尚且不够，存在一些《中华人民共和国食品安全法实施条例》涉及不到的死角。例如，餐饮服务许可证只能保证正规餐饮地点的卫生情况达到国家标准，但由于外卖取送地点十分灵活，导致一些违法分子在小作坊内完成外卖的制作，食品制作的环境状况得不到保证，也就从源头上导致了外卖食品的安全隐患。例如，食品原料过期，生产中加入非法添加剂，使用地沟油，生产环境卫生状况差，污染外卖食品等问题。

2. 运输过程中带来的危害

外卖食品需要经过配送员的配送才能到达客户手中。在此过程中，外卖食品可能会受到汽车尾气的污染，使食品中重金属含量超标；配送员在高效率地配送过程中，尤其是一些流体食物，可能存在溅洒出来的情况，同样也有可能导致灰尘、病菌等危害物污染食品；同时，长时间配送也可能导致外卖食品在配送过程中出现变质；除此之外，还有一些人为因素给外卖食品带来潜在危害。

3. 外卖包装带来的危害

外卖包装所使用的塑料容器也存在较大的食品安全隐患。某些不良商家为降低成本使用再生塑料作为外卖包装，里面残存着大量的有毒物质，对人体健康不利；一些不符合规格的塑料容器在盛放温度较高的食品时，塑料制品中的有害物质和热敏添加剂会加速扩散到食品中，危害客户的身体健康。

4. 其他途径带来的危害

外卖餐具，如筷子、汤勺、餐巾纸等无法保证卫生质量。其一，制作这些餐具所用的原材料不符合生产要求；其二，在餐具的储放和外卖配送过程中对餐具造成污染。

总之，外卖食品的安全隐患的发生多是由于平台第一责任人的义务没有履行到位，为招揽更多的商家入驻，降低了准入标准，导致没有营业执照的商家也能堂而皇之地把外卖卖给客户。所以，为了防范食品安全问题的发生，平台应加大监督审查的力度，提高准入门槛。对进驻平台商家的营业执照和卫生许可证等进行严格审核，对厨房、食品来源和制作情况进行监督，为客户提供优质服务。

技能操作

技能 处理外卖食品安全隐患

一、操作准备

1. 实训场所要求

实训场所应具备教师演示和学员练习两种功能，如人员流动性小，能够遮风挡雨，并且比较安静的场所。

2. 实训设备要求

配送箱。

二、操作步骤

步骤 1：识别黑作坊。外卖平台给客户与众多餐馆、水果店等提供方便快捷的订餐送餐服务，但由于商家数量巨大，平台没有过多的能力对每个商家进行检查，难免出现漏洞。商家进入平台后，为了获取最大的利益不惜触犯法律进行非法经营，最终损害的是客户的健康。配送员在配送过程中，应注意观察商家的厨房卫生，如发现商家存在食品安全隐患，应及时向平台管理部门汇报。

步骤 2：识别劣质食品。如果商家生产原料不合格，生产的外卖食品卫生条件不达标，会严重损害客户的健康。例如，地沟油和过期发霉食物也会被不良商家利用，经过加工后做成食品，危害客户的身体健康；一些商家为了节省成本，还会使用工业生产的速食包，或者添加过量的添加剂来掩盖或者改善口味，不仅影响食物口感，还会对客户身体造成不利影响。配送员在取餐时应观察食物包装是否完好，食物是否有发霉变质的情况，对于不符合卫生条件的食品拒绝接收。

步骤 3：妥善处理散落食品。散落在地上的食品无法保证食品安全，不能重新装进盒子送给客户。配送员在配送过程中要注意保持食品卫生，杜绝在配送环节中出现食品污染和变质。

培训单元 2　个人及客户隐私的保护

培训重点

1. 了解个人及客户隐私泄露的危害。
2. 掌握客户隐私的保护方法。

知识要求

一、个人及客户隐私信息的含义

1. 个人信息

个人信息是指以电子或者其他方式记录的，能够单独或者与其他信息结合识别特定自然人身份或者反映特定自然人活动情况的各种信息。

（1）基本信息：姓名、生日、性别、住址、电话号码、电子邮箱。

（2）个人身份信息：身份证、军官证、护照、驾驶证等，面部特征。

（3）网络身份标识信息：系统账号、IP 地址、邮箱地址及与前述有关姓名、性别、手机号、住址的密码、口令、口令保护答案。

（4）个人财产信息：交易和消费记录、余额、优惠券等虚拟财产信息。

（5）通讯录。

（6）个人上网记录：网站浏览记录、软件使用记录、点击记录。

（7）个人常用设备信息：硬件型号、设备 MAC 地址、操作系统类型、软件列表唯一设备识别码（如 IMEI/android ID/IDFA/OPENUDID/GUID/SIM 卡等）在内的描述个人常用设备基本情况的信息。

（8）个人位置信息：精准定位信息等。

2. 个人隐私信息

个人隐私信息是指一旦泄露、非法提供或滥用可能危害人身和财产安全，极易导致个人名誉、身心健康受到损害或歧视性待遇等的个人信息。

（1）财产信息：交易记录、平台账户余额、优惠券等虚拟财产信息。

（2）面部识别信息。

（3）个人身份信息：身份证、军官证、护照、驾驶证、户口本。

（4）网络身份标识信息：账户名、邮箱地址及与前述有关的密码与密码保护问题和答案。

（5）其他信息：通讯录、电话号码、网页浏览记录、精准定位信息等。

二、隐私信息泄露的危害

1. 垃圾短信、骚扰电话、垃圾邮件源源不断

个人信息被泄露后，电子邮箱可能每天都会收到十几封垃圾邮件，以推销为主，大多是乱七八糟且没有创意的广告。电话号码信息泄露会导致大量陌生电话，如推销保险的、推销教育的、推销金融产品的等。

2. 冒名办卡透支欠款

如果个人隐私信息泄露，可能有身份证被复制的风险。在网上骗取银行的信用，办理各种各样的信用卡，恶意透支消费，而银行可能会直接将欠费的催款单寄给身份证的主人。

3. 案件事故从天而降

不法分子可能利用泄露的个人信息，进行违法犯罪活动，导致信息被泄露人不明不白被警察传唤或被法院传票通知出庭。

4. 账户钱款不翼而飞

有些不法分子办一张信息被泄露人的身份证，挂失其银行卡或信用卡，然后重新补办银行卡，再设置密码，如果信息被泄露人长时间不使用银行卡，里面的钱款说不定已经不翼而飞。

5. 个人名誉无端受损

个人信息被泄露后，出的任何事都与信息被泄露人有关。冒用信息被泄露人名义所干的一切坏事都归到其名下，即使最后证明了清白，个人名誉还是受到了损害。

三、个人及客户隐私保护技术

1. 号码保护功能

一张小小的外卖订单，包含了客户的姓名、地址、手机号等，这些信息一旦

落入不法分子手中，将会留下不小的隐患。主流网约配送平台推出了“号码保护”功能，并在客户下单时默认开启号码保护功能，如图 5–5 所示。

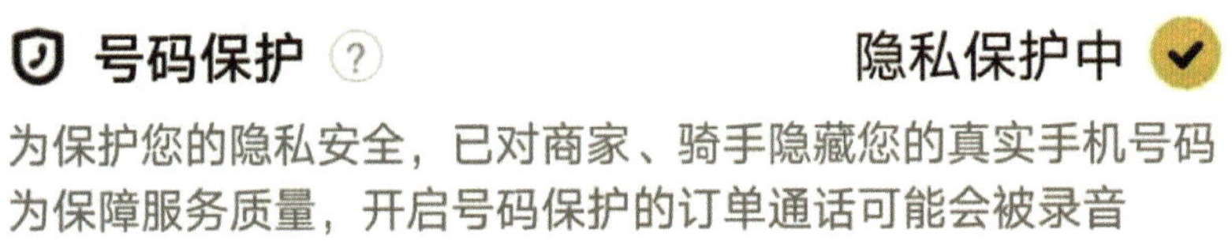

图 5–5　号码保护

启用“号码保护”之后，商家和配送员只能通过临时生成的虚拟号码联系客户，订单结束后，虚拟号码自动作废，商家和配送员无法获知客户的真实电话号码，从技术上避免了客户信息的泄露风险。对于有疑问的客户，配送员可以帮助客户查看是否开启号码保护功能。

2. 隐私保护通话技术

目前国内隐私保护通话技术已经有了较高水平，广泛应用于网约车、网约配送、商业隐私号码、扫码挪车等领域，其稳定性和可靠性也得到了市场检验。

网约配送服务的隐私保护通话功能由 A×B 模式来实现，配送员和客户通过平台临时分配的隐私号码呼叫对方，不暴露自己的真实号码，从而实现个人隐私的保护作用。

隐私保护通话 A×B 模式中，A 和 B 为相互保密的两个业务受益客户，A 和 B 都不知道对方的真实号码。为了双方的真实号码不被泄露，在隐私保护通话平台为 A 和 B 绑定一个虚拟号码 ××，A 和 B 对外只呈现 ×× 号码，A 和 B 之间的通话都是通过 ×× 号码进行转接。A×B 模式下 ×× 号码允许被多组号码进行绑定，多组号码中的 A 和 B 号码不能重复。当 ×× 号码和 A、B 号码解除绑定关系后，该 ×× 号码可以被回收，供其他号码绑定。

相关链接

A×B 模式的优势

1. 保护双方隐私

交易过程中不泄露双方号码；交易结束隐私号码失效，防止后续骚扰。

2. 节省号码资源

1 个隐私号码可供 1 000 个交易同时使用，多路呼叫并发，号码利用率高。

3. 服务质量提升

支持通话录音，客户投诉可追溯；支持短信，提升企业业务灵活性。